Kontaktadresse nach EU-Produktsicherheitsverordnung:
produktsicherheit@fischerverlage.de

Am 14. Juli 1865 steht der fünfundzwanzigjährige Engländer Edward Whymper als erster Mensch auf dem Gipfel des Matterhorns. Beim Abstieg aber reißt ein Seil, und vier seiner Begleiter stürzen eintausend Meter tief in den Tod – das Bergsteigen hat seine Unschuld verloren. Wenige Tage später erreicht der einheimische Bergführer Jean-Antoine Carrel den Gipfel, der eigentliche Held in Reinhold Messners atemberaubender Erzählung von der Eroberung eines unverwechselbaren Berges. Sie ist weit mehr als eine wahre Geschichte aus den Anfängen des modernen Alpinismus: Sie ist eine Geschichte von Verantwortung, Vertrauen und Verrat, eine Geschichte von der Natur des Menschen.

Reinhold Messner, geboren 1944, ist der berühmteste Bergsteiger und Abenteurer unserer Zeit. Als Kletterer, Höhenbergsteiger, Grenzgänger und ›Philosoph in Aktion‹ hat er immer wieder neue Maßstäbe gesetzt. Messner bestieg als erster Mensch alle vierzehn Achttausender, darunter erstmals den Mount Everest ohne zusätzlichen Sauerstoff und allein. Heute kämpft er als Autor und Filmemacher für einen ökologisch nachhaltigen Umgang mit der Natur, bewirtschaftet Bergbauernhöfe und gestaltet sein Bergmuseum, das Messner Mountain Museum, mit seinen sechs Standorten. Zuletzt erschien bei S. Fischer »Wild oder Der letzte Trip auf Erden«.

Weitere Informationen finden Sie auf www.fischerverlage.de

Reinhold Messner

Absturz des Himmels

FISCHER Taschenbuch

Die Nutzung unserer Werke für Text- und Data-Mining im Sinne von
§ 44b UrhG behalten wir uns explizit vor.

2. Auflage

© 2023 S. Fischer Verlag GmbH,
Hedderichstr. 114, 60596 Frankfurt am Main

Printed in Germany
ISBN 978-3-596-03353-9

1

CARREL SCHREIT im Schlaf auf, hebt den Kopf, als sei er aufgewacht.

»Hat er gerufen?«, fragt Sinigaglia.

»Nein«, sagt Gorret, der junge Bergführer. »Er träumt. Vielleicht vom Viehtrieb, von der Jagd.«

»Hat er Angst?«

»Wovor?«

»Vorm Unwetter vielleicht.«

Gorret schaut auf Carrel, der auf seiner Pritsche liegt und schnarcht. In der kleinen Hütte auf halbem Weg zum Gipfel ist er sofort eingeschlafen.

»Nein, er ist eingeschlafen, bevor der Sturm losbrach.«

»Warum dann dieser Schreckensschrei?«

»Jean-Antoine ist müde, seit Tagen schon um Mitternacht auf den Beinen, zuerst am Mont Blanc, dann der Übergang von Chamonix über die Pässe nach Courmayeur.«

»Verstehe, er muss wirklich sehr müde sein.«

»Rückzug?«, fragt Sinigaglia, der sich am Feuer die Hände wärmt.

Gorret schüttelt den Kopf, sieht den Italiener von der Seite an, nur kurz, murmelt etwas von »no, no«. Nein, sie werden nicht zurückgehen, er braucht den Führerlohn für seine junge Familie. Das Matterhorn ist sein Arbeitsplatz.

In dem kleinen gemauerten Ofen knacken die Holzscheite, am Dach zerren Orkanböen.

Als Carrel aufwacht, sieht er sich um, schnuppert in den rauchigen Raum, hört in den Sturm – ein Tier, das aufgeschreckt ist.

»Was ist das für ein Sturm?«, fragt er wie abwesend.

»Er kam plötzlich, aus dem Nichts«, sagt Gorret.

»Gefällt mir gar nicht.« Langes Schweigen. »Liegt Neuschnee?«

»Hagel und Schnee.«

»Wie viel?«

»Weiß nicht.«

Carrel begreift, während er langsam zu sich kommt, dass an einen weiteren Aufstieg am Matterhorn nicht zu denken ist. Auch das Abklettern wird extrem schwierig sein, der Fels ist nicht zu sehen, die Route vereist. Seine Route ist in einem denkbar schlechten Zustand. Aber mehr quält ihn die Befürchtung, tagelang hier festzusitzen. Sollen sie den Abstieg trotzdem wagen? Gleich jetzt? In der Hütte auszuharren, wenn der Sturm anhält, kann zum Alptraum werden.

Aber Sinigaglia möchte abwarten. Eine Nacht lang wenigstens.

Dann einigen sich die beiden Bergführer auf einen Plan.

»Wenn der Wind nachlässt, steigen wir ab«, sagt Carrel. »Morgen, heute ist es zu spät.«

»Und wann morgen?«, will Sinigaglia wissen.

»Mit dem ersten Tageslicht.«

»Wir alle drei?«

»Immer der Herr in der Mitte.«

»Können wir den Abstieg nicht noch verschieben?« Sinigaglia hofft immer noch auf eine Wetterbesserung. Er ist der Gast. Er zahlt.

»Der Wind ist zu stark«, antwortet Carrel, »über Wochen wird kein Aufstieg zum Gipfel möglich sein.«

»Warum das?«

»Der Treibschnee klebt überall: in den Spalten, an den Graten, auf den Bändern.«

Carrel schlägt die Decken zur Seite, setzt sich stöhnend auf und steigt dann umständlich von seiner Pritsche herab. Er sieht nicht verschlafen, er sieht alt aus: die Wangen eingefallen, der Rücken leicht gekrümmt, der Bart fahl. Nur seine Augen – weit geöffnet in den dunklen Höhlen – glänzen. Er zieht sich die Schuhe an – genagelte knöchelhohe Lederstiefel, wie sie die Bauern im Gebirge bei der Holzarbeit tragen – und geht zur Tür. Der Boden knarrt, obwohl er wie ein seekrankes Gespenst über die Dielen schleicht. Als wolle er das Unwetter draußen erschrecken.

Zuerst sieht er gar nichts. Dann, als sich seine Augen an die Dunkelheit gewöhnt haben, Flockenwirbel. Der Wind zerrt an seiner Lodenjoppe, nasse Kälte fährt ihm in die Lungen. Die Stufen, die von der Plattform, auf der er steht, zum Aufstiegsweg führen, sind verschwunden, im Neuschnee verwischt. Dann schaut er nach oben: Die Überhänge am großen Felsturm, unmittelbar über ihrer Hütte, sind noch dunkler als der Abgrund unter ihm. Und wo ist der Rest der Welt? Hinter jagenden Wolken sieht Carrel den Wintermond, so fern und flüchtig, als gehöre er nicht zu dieser Welt.

»Kein Himmel mehr«, hört Gorret den Alten sagen, als der zurück in die Hütte tritt. Carrel schüttelt sich, hebt den

Kopf, murmelt etwas. Auch Sinigaglia weiß jetzt: Es sieht nicht gut aus.

Als sie am späten Vormittag die Hütte erreicht haben, sind sie dort auf Daniele und Antonio Maquignaz, Pietro Maquignaz und Edoardo Bich gestoßen, die höher oben am Berg Fixseile angebracht hatten. Die jungen Bergführer bestärkten Sinigaglia in der Hoffnung, der folgende Tag werde ausgezeichnetes Wetter bringen: Carrel würde sein Team sicher zum Gipfel führen! Gegen drei Uhr nachmittags ist die Maquignaz-Gruppe nach Breuil abgestiegen. Carrel hat den vier Burschen nachgesehen und mit einer Handbewegung ein letztes Mal gegrüßt. Dann hat er sich kurz ausruhen wollen.

Jetzt, zurück in der Hütte, schweigt Carrel.

Noch einmal sieht er nach dem Wetter. Sturmwolken treiben vom Mont Blanc her, der Himmel jetzt so düster wie ein aufgewühlter Ozean. Als er ein drittes Mal vor die Hütte tritt, hat das Sturmtief die Dent d'Hérens erreicht, die geläufigen Sérac und filigranen Eisgrate dort sind verschwunden, am großen Berg im Westen ist nur noch Chaos: ein expressionistisches Gemälde in Blauschwarz.

Carrel hofft, es sei ein Gewitter, das vorbeiziehen werde. Aber er ahnt Ungemach, ist unsicher. Der Nordwind steigert sich Stunde um Stunde. Carrel sinniert, lässt die schlimmsten Schlechtwettereinbrüche seiner Bergführerzeit in seinem Gedächtnis wieder lebendig werden. Als gelte es, aus überstandener Lebensgefahr Überlebenskraft zu schöpfen. Er trägt die Verantwortung, er darf jetzt keinen Fehler machen, seinen Gast nicht beunruhigen. Wären sie weiter zum Gipfel gestiegen, wie dieser es wollte, sie säßen jetzt auf der anderen Seite, beim Abstieg, in der Falle: irgendwo, ohne Schutz, hoch oben am Berg.

Auch Sinigaglia ahnt inzwischen, dass sie schon tot wären, hätte sich Carrel nicht durchgesetzt mit seinem »Abwarten«. Hat der Alte den Wettersturz voraussehen können? Ahnen, was kommt? Erst nachdem die vier jungen Männer die Hütte verlassen hatten, war das Wetter schlechter geworden. Und zwar so rapide, wie es weder Sinigaglia noch Gorret je erlebt hatten: dieser Sturm! Schneefall, aus heiterem Himmel zuerst, dann Graupelschauer.

»Du hättest mich wecken sollen«, sagt Carrel jetzt zu Gorret. Es ist kein Vorwurf, vielleicht eine Mahnung. Für die Zukunft.

Es ist zu spät, den jungen Männern ins Tal zu folgen.

Gegen Abend dreht der Wind. Ganz plötzlich. Wenig später bricht ein so heftiger Hagelsturm über das Matterhorn herein, dass es auch Carrel mit der Angst zu tun bekommt. Immer wieder Donner, Steinschlag, es kracht ohne Unterlass. Als würde ihr Berg unter ihnen zusammenbrechen. Und über ihnen einstürzen. Blitze zucken durch die pechschwarze Nacht, die Luft, elektrisch geladen, leuchtet im Zwielicht. Zwei Stunden lang schimmert es wie Nordlicht durch die kleinen Fenster. Immer wieder erleuchten Blitze das Innere der Hütte – so hell, als wäre es Tag. Und der Sturm hält an: die ganze Nacht lang, einen weiteren Tag und noch eine Nacht.

Carrel liegt unter Decken und friert. Er fühlt sich machtlos, im Traum sieht er sich schrumpfen. Als sei all seine Erfahrung nichts mehr wert, seine Energie aufgebraucht, sein Mut nichts als die Hybris eines Wahnsinnigen.

Draußen immerzu Schneefall, der Wind rüttelt an Dach und Wänden. Die Temperatur sinkt weit unter den Gefrierpunkt, das talseitige Fenster ist schneeverklebt. Auch im Inneren der Hütte ist alles gefroren, es hat Minusgrade. Draußen im Freien wäre ein Überleben jetzt unmöglich, weiß Carrel. Zum Glück ist die Hütte stabil – trägt sie denn nicht seinen Namen? – hat er sie nicht mit aufgebaut? Nein, nicht auszudenken, wenn sie nicht da wäre.

»Ein fluchtartiger Abstieg jetzt ist der sichere Tod«, sagt Carrel leise.

Als das Brennholz verbraucht und aller Proviant verzehrt ist, erwägt Carrel dennoch einen Ausbruch. Trotz Todesgefahr beim Abstieg, null Sicht. Das Schlimmste ist der viele Neuschnee! Doch besser, sie warten ab, sagt ihm sein Instinkt. Also wickeln sie sich in Decken, verfeuern das Mobiliar – die Bänke, ein loses Regal, den Tisch – und warten. Die Angst zu erfrieren wird unerträglich. Im Tagtraum sieht sich Carrel ins Tal absteigen. Hundertundein Mal ist es ihm gelungen, und alles, was Menschen an seinem Berg erlebt und ertragen haben, geht ihm durch den Kopf, eine Endlosschleife von Bildern. Er muss es auch dieses Mal nach unten schaffen, ins Tal mit seinem Gast, zurück in ihr Leben. Nur noch einmal. Er trägt die Verantwortung.

2

Im Zwielicht stehen drei Gestalten vor einer der armseligen Hütten in Avouil, dort, wo die Enge des Tals sich zu weiten beginnt und den Blick freigibt auf eine Almlandschaft, die bis zu den Gletschern reicht. Die Männer gestikulieren, weil der Gletscherbach, der etwas unterhalb von ihnen schäumt, so laut ist, dass sie sich kaum verständigen können. Es sieht aus, als ob sie den Berg, der im Widerschein der untergegangenen Sonne wie ein Kristall strahlt, beschwören wollten. Von nirgendwo sonst im Tal wirkt das Matterhorn so bestimmend: ein stumpfer Riesenkeil, der in die Unendlichkeit ragt.

»Also morgen früh«, sagt einer im Weggehen.

»Gute Nacht«, der Zweite.

»Bis morgen.«

»Vor Tagesanbruch und in aller Stille«, betont der Dritte. Noch einmal grüßt er mit einer flüchtigen Handbewegung. Um keinen Verdacht zu erregen, soll am nächsten Morgen jeder der drei aus einer anderen Richtung aus dem Dorf zu diesem Treffpunkt kommen. Genau so wie sie jetzt einzeln zu ihren Häusern zurückkehren.

Avouil, eine Gruppe kleiner Gehöfte am untersten Rand des Südhangs, die Häuser aus Stein und Rundholz gebaut, ist in den Sommermonaten das Zuhause einer Handvoll Familien. Von hier treiben sie ihre Tiere auf die hochgelegenen Weideflächen, hier lagern sie Butter, Käse und Brennholz.

In der Morgendämmerung – am Himmel die allerletzten Sterne, das Tal noch im Dunkel der Nacht – gehen die drei dem Gebirge zu. In Avouil heißt es, sie gingen Murmeltiere

fangen, und sie haben auch den »grafio« dabei, einen langen Stock aus Eschenholz mit eisernem Haken am unteren Ende, wie er hier zum Murmeltierfang verwendet wird.

Es sind drei merkwürdige Gestalten, die an diesem wolkenlosen Morgen dem Matterhorn zustreben, das die Alten im Tal »La gran becca« nennen, »der große Schnabel«. Da ist Jean-Jacques Carrel, dunkel gewandet, hager, ein weitkrempiger Hut auf seinem Kopf. Als Ältester scheint er das Kommando zu haben. Er ist Jäger, mit untrüglichem Instinkt für das Gelände und einem Einfühlungsvermögen ausgestattet, das ihn manchmal wie ein Tier empfinden lässt. Bei der Suche nach Gämsen, an den steilen Südhängen des Matterhorns, läuft, klettert, springt er, als sei er selbst eine Gämse. Er hat, sagt man, im ganzen Tal nicht seinesgleichen: das Gesicht sonnenverbrannt, die Hände zerfurcht, die Augen schmale Schlitze unter der Hutkrempe. Die Zeit, die er auf den Almen und zwischen den höchsten der zugänglichen Felsfluchten zugebracht hat, um bei Frost und Hitze, Regen und Nebel dem Wild nachzustellen – hat ihn geformt. In seinem Gebaren steckt viel Selbstsicherheit, aber kein Stolz. Wie alle Männer im Tal redet er wenig, geht sonntags in die Kirche und werktags seiner Arbeit nach. Vor fast einem Vierteljahrhundert war er der Einzige gewesen, der den Mut hatte, am Theodulferner in eine Gletscherspalte hinabzusteigen, in der ein Verunglückter lag. Und noch immer steckt die Bereitschaft in ihm, das Leben zu wagen.

Jean-Antoine Carrel sieht nicht nur aus wie ein Outlaw, sein verwegener Blick und sein Mut haben ihn zu einem Außenseiter gemacht. Im Tal nennt man ihn spöttelnd den »Hahn von Valtournenche«. Gorret ist viel jünger und als angehender Priester zwar neugierig, aber vorsichtiger als die beiden Älpler.

Jetzt steigen die drei – Jean-Jacques voraus – zügig bergwärts. Nach mehreren Wintern mit geheimen Besprechungen und einsamen Sommern auf der Alm – immer öfter den Blick auf das Matterhorn gerichtet – wollen sie endlich herausfinden, wie hoch sie an ihrem Berg kommen können. Sie sind trittsicher, ausdauernd, ausgezeichnete Fußgänger. Ihre Schritte setzen sie gleichmäßig und ohne miteinander zu reden. Trotzdem, es sieht verboten aus.

Beim Weiler Planet treffen sie auf Gabriel Maquignaz und Carrel »le peintre«, erwähnen ihr Vorhaben aber nicht. Ein bisschen reden sie über Murmeltiere und das Wetter, dann gehen sie weiter. Die beiden Hirten grüßen verlegen und schütteln den Kopf, als wollten sie nicht einmal Komplizen sein bei der gefährlichen und verbotenen Hochgebirgsjagd. Noch weiter oben stoßen die drei auf einen Senner, der ihnen zuwinkt. Sie schwenken ihren »grafio« und steigen schneller. Noch höher glotzen ihnen nur noch die Kühe, die auf der Weide stehen, aus großen Augen nach.

»Ein böser Tag für die Murmeltiere«, hören sie den Hirten flüstern, während sie an seiner Herde vorbeisteigen. Als schwarze Punkte entschwinden sie ihm bald am steilen Berghang. Auf der höchsten Alm ist zum Glück niemand. Nur Ziegen kommen des Weges, neugierig und nach Salz an ihren Kleidern schnuppernd.

Endlich allein – Murmeltiere pfeifen, ein Adler kreist zwischen vereinzelten weißen Wolken, im Gletscher rechts vor ihnen rauscht das Schmelzwasser –, bleiben sie stehen. Jetzt können sie sich Zeit lassen. Als sie sich dann langsam der Vegetationsgrenze nähern, ziehen sich allerorten die Murmeltiere in ihre Löcher zurück.

An der Moräne des Matterhorn-Gletschers wenden sie sich dem Felsgrat zu, der den Gletscher links begrenzt. »Keu de Tzarciglion«, sagt der Jäger, der alle Felsen hier kennt und benennen kann. Er weiß, schon sein Großvater ist bis hierher gekommen, auf der Jagd nach Gämsen. Sie steigen, ein paar Stunden weit, über einen gut gestuften Felsgrat empor. Ohne einen bestimmten Plan, ohne ein weiteres Wort. Stufe um Stufe. Alles geht glatt. Nur der Blick auf die zerklüfteten Felswände weiter rechts, über dem Gletscher, lässt sie schaudern.

Noch bevor sie den höchsten Punkt einer Scharte links vom Matterhorn erreicht haben, trennen sie sich: Der Jäger sucht seinen Weg über harten Schnee, während die beiden anderen auf den Felsen bleiben, wo ihnen das Weiterkommen sicherer erscheint. Als Gorret den Jäger um Hilfe rufen hört, eilt Jean-Antoine herbei. Jean-Jacques kann weder vorwärts noch zurück, keinen einzigen Schritt weit. Eine einzige falsche Bewegung schon könnte ihn aus dem Gleichgewicht werfen und Hunderte Meter tief abstürzen lassen. An dieser Stelle ist die Eisfläche so steil und glatt, dass kein Halten ist, wenn einer abrutscht.

Aus der gemeinsamen Schockstarre löst sich zuerst Jean-Antoine Carrel. Er ist der Geschickteste der drei und übernimmt jetzt das Kommando. Der »Bersagliere«, wie er im Tal auch genannt wird, und Amé Gorret, der Seminarist, versuchen dem Jäger zu Hilfe zu kommen. Schritt für Schritt, den Bergstock in der Hand, wagen sie sich, einer am anderen sich haltend, auf das Eis. Es gelingt ihnen, Jean-Antoine immer voraus, sich bis zum Jäger vorzutasten. Nachdem das Beil, das Jean-Jacques bei sich trägt, aus dessen Tasche gezogen ist, schlägt Jean-Antoine Stufen ins Eis, auf denen alle drei zurückbalancieren können. Bis zu den Felsen.

Man kann nur mit seinesgleichen auf Berge steigen. Jean-Antoine sagt es nicht, er speichert diese Erkenntnis in seinem Gedächtnis, sie wird ihm zum Instinkt.

Außer Atem erreichen die drei wenig später die Grathöhe zwischen der Tête du Lion und der Dent d'Hérens, von wo

sie erstmals auf die andere Seite der Bergkette schauen können. Dort tut sich ihnen eine völlig neue Welt auf: Erschrocken blicken sie auf den fünfhundert Meter unter ihnen liegenden Tiefenmatten-Gletscher! Hatten sie nicht die Geschichte gehört, hinter dem Matterhorn liege die Ortschaft Hérens? Diese Legende von einer Zivilisation hinter den Bergen erzählt man im Valtournenche seit Jahrhunderten. Aber da ist kein Dorf, da ist nur ein vergletschertes Tal, von riesigen Felsmauern umschlossen. Ein überwältigender Blick in die Tiefe! Einige Augenblicke lang schweigen sie, noch immer erschrocken über die Stille der Bergwelt – Felsgrat hinter Felsgrat gestaffelt –, die ganz anders ist als ihr grünes Heimattal, anders auch als das Paradies, wie es der

Pfarrer an hohen Feiertagen von der Kanzel herab beschrieben hat. Was für Abgründe! Zerrissene Gletscher, darüber himmelhohe Gipfel, für die Bauern aus Breuil alle ohne Namen. Sie stehen im Sattel zwischen ihrem Heimattal und der menschenleeren Wildnis dahinter. Links führt der Grat zum Gipfel der Dent d'Hérens, rechts über der Tête du Lion ragt das Matterhorn auf.

Plötzlich beginnt einer der drei damit, Steinblöcke in den Abgrund zu rollen. Sie sehen die Trümmer kollern, folgen ihnen mit den Augen und sind begeistert, wie sie, in die Tiefe springend, Wolken von feinem Schnee aufwirbeln, weiter unten in gigantischen Sätzen und mit dumpfem Aufprall an Felsen zersplittern und ganz unten in geheimnisvollen Schlünden am Gletscher verschwinden.

Sie haben keine Eile. Sie sind zwar müde, aber die Sonne steht hoch, und das Matterhorn ist ganz nah. Seine Felsfluchten wirken von hier aus gegliederter als von Avouil. Und der Gipfel über ihnen! Jean-Antoine weiß, er wird ihn eines Tages erreichen.

»Sonderbar«, sagt einer von ihnen, »aus dieser ungewohnten Perspektive wirkt das Matterhorn weniger abweisend als aus dem Tal.«

Der Berg gehört ihnen zwar nicht – oder doch, schließlich kann ihn niemand wegtragen –, Jean-Antoine aber macht ihn an diesem Tag zu seinem Ziel.

Die anderen zwei denken nicht weiter an eine Besteigung, sondern setzen den Aufstieg aus purer Neugier fort. Ohne Schwierigkeiten erreichen sie die Tête du Lion, von wo sie erstmals auf die breite Kluft hinabsehen, die sie vom eigentlichen Matterhorn trennt. Auf der anderen Seite –

vorerst unerreichbar – türmt sich der steile Fels bis zum Himmel.

Als sie längs der Südflanke der Tête du Lion ins Tal absteigen, entdecken sie eine Reihe von Felsbändern im Gelände, über die es möglich ist, zum Fuß des Matterhorns zu gelangen, viel einfacher als über ihren Aufstiegsweg.

3

Seit diesem Tag spricht man im Valtournenche von Jean-Antoine Carrel wie von einem Gerücht. Ein Narr, wer auf die »Becca« wolle, sagen die Leute, passt aber zum »Gockel«, denn im Tal gilt das Matterhorn als »Berg des Teufels«: Seine Flanken seien wie das Höllentor, die beiden Spitzen nur für Geister gemacht.

»Jedenfalls nicht für Menschen«, sagt der Pfarrer.

Jean-Antoine Carrel antwortet nicht. Er weiß: Sein Matterhorn ist besteigbar.

Sein Onkel, Kanonikus in Aosta, der nur noch selten ins Valtournenche kommt, beschwichtigt, als er von Jean-Antoines Aufstieg erfährt: Der Ausflug sei nichts als ein unüberlegter Lausbubenstreich gewesen, das Ganze nicht der Rede wert. Im Stillen aber glaubt auch er an die Möglichkeit, das Matterhorn zu besteigen. Er bewundert Geschicklichkeit, Mut und Energie seines Neffen. Und schon seit langem verfolgt ihn selbst der Gedanke, die umliegenden Berge von Aosta müssten erforscht werden. In jungen Jahren schon, als noch niemand daran dachte, die Phänomene der Alpen zu studieren, errichtet er ein erstes Observatorium auf dem Dach seines Pfarrhauses. Bald soll es zur wichtigsten meteorologischen Forschungsstation Italiens werden. Schon als Student hat er mit seinen Aufzeichnungen begonnen, sammelt immer noch Daten zu Pflanzen, zum Wetter, zu Gletschern. Er hat dabei ständig gegen die Voreingenommenheit seiner Landsleute zu kämpfen, die in seiner Sehnsucht, der Wissenschaft zu dienen und Gipfel zu besteigen, nichts als eine Narretei sehen. Unschädlich zwar, aber unnütz.

Der Kanonikus kennt das Matterhorn seit seiner Jugend, er sieht es über den Gipfelkranz um Aosta hinausragen, wenn er hoch genug gestiegen ist, und schwärmt: *La gran becca! Wenn auch nicht die höchste Bergspitze Europas, so doch unbestreitbar die schönste!* Seit Jahrzehnten beschäftigt ihn die Frage nach der Besteigbarkeit dieses Gipfels und der Verantwortung dabei. Darf der Mensch ein Wagnis eingehen, das nicht völlig zu kontrollieren ist? Auch wenn es unnütz ist? Niemand sonst als dieser gebildete Mann erkennt im Matterhorn ebenso viel Abschreckendes wie Wertvolles. Er spricht von *seinem Matterhorn*, immer wieder gibt er sich der Hoffnung hin, er selbst werde es einmal besteigen können. In Eigenverantwortung! Verbindet er mit diesem Berg doch den Gedanken der Askese: Ist nicht jede Bergwanderung ein Akt der Läuterung, jeder Aufstieg eine Pilgerreise? Dass seine Heimat dank der Fremden, die mit der Besteigbarkeit des Matterhorns vermehrt ins Tal kämen, bekannter würde, kommt hinzu. Den größeren Wohlstand, der damit erreicht wäre, sieht er ebenso voraus. Die mächtige Felspyramide mag keinen wirtschaftlichen Wert haben, denkt er, als Wahrzeichen aber ist sie unbezahlbar.

Seine Erstbesteigung wird dem Tal und seinem Neffen Ruhm einbringen, hofft er insgeheim.

Weiß der Vikar, dass Gabriel Maquignaz und Victor Carrel, der Maler, noch im selben Jahr, 1857, einen anderen Zustieg zum Berg ausforschen? Sie steigen über die Ostseite der Tête du Lion auf, werden jedoch durch die in den Felsrinnen niederstürzenden Steine beinahe getötet. Ein weiteres Vordringen ist ihnen unmöglich. Tief erschrocken und stillschweigend kehren sie zu ihren Almen zurück.

4

Weisshorn und Matterhorn sind die Berge, die der einundzwanzigjährige Edward Whymper 1861 besteigen will. Als Erster! Es ist sein zweiter Alpensommer, und schon greift der Jüngling nach den Sternen: Die allerschwierigsten Viertausender müssen es sein. Ist es Dummheit, Überheblichkeit oder die Hybris der Jugend, die ihn blendet? In Breuil angekommen, hört er – hoffentlich ist es nur ein Gerücht –, das Weißhorn sei bestiegen worden; vom Matterhorn sagt man, es sei unmöglich, John Tyndall aber werde es trotzdem angreifen. Der Herr Professor sei in Breuil, um seinen Sieg über das Weißhorn mit der Erstbesteigung des Matterhorns zu krönen. Im Valtournenche ist dieser Professor Tyndall ein geschätzter Mann – großzügig seinen Bergführern gegenüber und umgänglich mit den Trägern. Über Whymper hingegen munkelt man bald, er müsse deshalb zu Fuß gehen, weil ihm das Geld für die Kutsche fehle.

Whymper ist nicht mittellos, er ist geizig, mit Führern, sagt er, habe er nicht nur gute Erfahrungen gemacht. Er hält nicht viel von ihnen. Sie seien nur als Träger und Fährtensucher zu gebrauchen, ansonsten große Verzehrer von Fleisch und Branntwein. Ein paar seiner Landsleute aus England wären ihm im Gebirge als Helfer lieber als diese primitiven Bauern, Jäger, Kleinhäusler oder Hirten, die sich in den Alpen »Führer« nennen. In seinen Augen scheint diesen Älplern alles Edle zu fehlen. In ihren Gesichtern sieht er nichts als Bosheit, in ihren Gebärden Hochmut, in ihren Forderungen Habgier. Dazu Neid auf sein Auskommen, Fremdenhass und Hinterhältigkeit. Keine guten Eigenschaften also.

Trotzdem fragt er, eben erst in Breuil angekommen, nach dem bestmöglichen Begleiter für eine Besteigung des Matterhorns. Einstimmig wird ein Carrel aus Valtournenche genannt: Jean-Antoine Carrel.

In einer düsteren Hütte in Avouil – kleine Fenster, niedrige Türen, alles voller Rauch – trifft er auf einen Mann mittleren Alters. Bäuerliche Herkunft, offensichtlich aber ein gebildeter Bursche. Sein Gesicht – Bart, stechende Augen, Hakennase – hat etwas Abweisendes und Einnehmendes zugleich.

»Sind Sie Carrel?«, fragt Whymper forsch.

»Ja, Jean-Antoine.«

»Ich bin Whymper und suche einen Führer für die Besteigung des Matterhorns.«

»Sind Sie allein?«

»Nein, ein Engländer und ein Schweizer Führer sind mit mir.«

»Das Matterhorn ist sehr schwierig.«

»Ich weiß, deshalb bin ich ja hier. Ich brauche den besten Mann vor Ort.«

»Langsam. Was haben Sie bisher an Touren gemacht?«

»Viele. Und ich habe das Matterhorn studiert, im vergangenen Jahr, beim Übergang von Zermatt nach Breuil.«

Carrel hört zu. Ist er bereit mitzugehen?

»Wie viel?«, fragt Whymper.

»Zwanzig Franken am Tag, wie weit immer wir kommen.«

Whymper willigt ein. Carrel aber fordert, dass ein zweiter Mann, ein Freund von ihm, mitkommt. Aus Gründen der Sicherheit. Whymper, der die Kosten scheut, winkt ab.

»Ich habe schon einen Führer.«

»Zwei Führer für zwei Gäste ist zu wenig.«

»Nein, das reicht, ich klettere selbständig.«

»Ich bestehe auf meinem Mann«, sagt Carrel.

»Weshalb?«

»Wir tragen die Verantwortung.«

»Ich trage meinen Teil selbst, wozu also dein Mann?«

»Es braucht ihn!«

»Ist der Weg so schwierig?«

»Lang und sehr schwierig – für einen Fremden vielleicht zu schwierig ... in Ihren weißen Hosen«, fügt Carrel in einem Dialektsatz, den Whymper nicht verstehen soll, an.

»Warum zu schwierig für uns Engländer?«

»Sie kennen den Berg nicht.«

»Ich brauche nur einen Mann von hier, als Wegweiser.«

»Ich aber gehe nur mit, wenn einer meiner Leute dabei ist.«

»Was für eine Sturheit!«

»Mit einem unserer Führer oder gar nicht!«

»Wozu so viele Leute?«

»Für den Rückzug zum Beispiel.«

»Ich setze auf Gipfelsieg!«

»Auch vom Gipfel müssen wir zuletzt alle in unser Leben zurück.«

»Sicher, mehr Leute aber bedeutet mehr Risiko, mehr Aufwand, mehr Zeit.«

»Ja, sicher.«

»Wozu also dein zweiter Mann, du bist doch Führer?«

»Es ist ohne nicht zu machen, unmöglich.«

»Woher weiß er das?«

»Das Matterhorn ist nicht wie der Mont Blanc oder der Monte Rosa. Alle Versuche, diesen Berg zu besteigen – von Breuil, von Zermatt aus –, sind fehlgeschlagen!«

»Und?«

»Ein halbes Dutzend Versuche umsonst!«

»Ich kann es trotzdem schaffen!«

»Vielleicht ins Grab«, warnt Carrel.

»Er hat also Angst. Deshalb ein zweiter Führer?«

Whymper ist in seinem Element, er will Carrel unbedingt für seinen Plan gewinnen, ihn überzeugen und zugleich demütigen.

»Nicht nur«, sagt dieser ganz ruhig.

»Also was sonst?«

»Wie soll ich Sie von ganz oben im Notfall am Berg herunterbringen?«

»Ich steige schon selbst ab, und so sicher wie diese Bauern hier klettere ich allemal.«

»Trotzdem, ich will Ihr Husarenstück nicht verantworten.« Jean-Antoine Carrel bleibt bestimmt. Er klopft mit seiner Rechten an die getäfelte Stubenwand, eine Männerstimme antwortet, und eine große Gestalt tritt aus dem Dunkel des Raums: ein düsterer Kerl mit Bart, grobschlächtig, mit langen hängenden Armen. Whymper erschrickt, lehnt mit einer herablassenden Geste ab und geht zur Tür. Die Verhandlung ist abgebrochen.

5

EDWARD WHYMPER SIEHT sogar in seinem Trotz gut aus. Eine Umhängetasche über die rechte Schulter gelegt und ein modisches Hütchen auf dem Kopf, geht er in seinen hellen Hosen jetzt weit ausschreitend zurück nach Breuil. Auf der ganzen Strecke hat er freie Sicht aufs Matterhorn. Was soll er nur an diesem tristen Ort, denkt er, mit diesen rückständigen Älplern? Wäre da nicht das Matterhorn, der merkwürdigste Berg, den er kennt. Ihm ist wie vor einem Gefängnisausbruch zumute: Gletscher rundum, Felswände, die senkrecht aufragen, düstere Waldflächen. Darüber steht mit seiner bestechenden Individualität der letzte der großen Alpengipfel, der unbestiegen ist. Hier unten aber leben diese ungepflegten Bauern, auf die er angewiesen ist und die ihn hinhalten. Nicht seine Überheblichkeit nährt seinen Stolz, es ist der Berg – sein Berg. Whymper weiß: Die erste Besteigung wird so einmalig sein wie der Gipfel selbst. Aber die Ablehnung Carrels – eine Frechheit! Im Notfall muss er das Matterhorn allein angreifen.

»Was diese Bauern können, kann ich allemal«, sagt er halblaut vor sich hin.

Wer ihm auf dem schmalen Pfad ins Almdorf entgegenkommt, tritt zur Seite oder verschwindet in einer der Hütten. Geht man ihm aus dem Weg? Die Kleider dieser Älpler sind schmucklos, abgetragen, häufig geflickt. Ihre Gesichter sind so düster wie ihr Gewand, ihre Mienen ernst, ohne ein Lächeln. Alle scheinen Whymper hier zu meiden. Sogar die niedrigen Häuser – dunkle Hütten, dicht aneinandergedrängt – haben etwas Abweisendes, Strenges. Als wären sie gegen die Hoffnungslosigkeit gebaut worden, als müssten sie sich wechselseitig vor der Kälte schützen, im Haufen dem Ansturm der Gewitter und Winde Widerstand leisten. Das Leben hier ist hart, und die Menschen leiden stumm. Angst und Schrecken ohne Ende. Lawinen bis ins Tal, verhungerte Tiere, unter der Last des Schnees geborstene Häuser. Die Sommer sind kurz, der Großteil des Jahres bleibt Winter. Der Älpler hockt dann geduldig am Ofen in seiner Stube, schläft in dumpfen Räumen und wartet, wartet, wartet. Oder er betet. Dass die Sonne wiederkehrt. Das Frühjahr ist schnell wieder vorbei, die Erntezeit mühsam, und im Herbst kommt mit dem ersten Schnee tiefe Resignation über das Dorf. Wieder und wieder.

Whymper kann jetzt zwischen den ärmlichen Hütten die Kirche sehen, mit dem Turm, dessen Glocken für die Menschen im Tal immer gleich trist klingen. Sie sagen Geburten wie Begräbnisse, Unfälle wie Hochzeiten an. In dieser weltabgeschiedenen Gegend scheint sogar die Religion Schrecken zu verbreiten, denn die Bilder an den Kirchenwänden erzählen nicht von Hoffnung und Liebe, sondern von Marter und Tod.

Whymper ist diese Welt fremd, ja peinlich. Er ist Künstler. Aus London. Dabei bedauert er die Menschen hier nicht einmal, er verachtet sie. Und deshalb kann er es nicht verwinden, dass Carrel ihn abgewiesen hat: Braucht er das Geld nicht? Oder glaubt er, die Engländer seien alle reiche Taugenichtse oder Schnösel?

Angesichts der dumpfen Armseligkeit, mit der die Menschen in dieser großartigen Bergnatur leben, fühlt er sich völlig fehl am Platz. Zwischen ihnen und der Natur ist nur

Überlebenskampf, kein Gefühl der Erhabenheit, keinerlei Sehnsucht, nichts. Welche Beziehung haben sie denn zu ihrem Berg? Keine!

»Verhungern sollen sie ohne mein Geld«, schimpft er leise, als er die ersten Häuser von Breuil erreicht. »Sollen sie doch für immer unten bleiben!«

6

CARREL UND SEINE LEUTE begnügen sich mit dem, was die Erde in dieser Höhe hergibt. Sie kennen keine Extravaganzen. Schicksalsergeben fügen sie sich in die Talgemeinschaft, lassen exotische Wünsche nicht zu. Die Armut, der sich hier niemand zu schämen braucht, schafft eine natürliche Gleichheit, wobei die Arbeit, die alle zu tun haben und die für alle gleich ist, für Gerechtigkeit sorgt. Sie alle sind Selbstversorger, tauschen ihre Erzeugnisse untereinander, Geld ist fast unbekannt. Nur Sparsamkeit gedeiht auf diesem geizigen Boden. Die Sicherheit einer Familie wurzelt in einem kleinen Stück Land, einer Alm unterm Himmel, der sich – abgegrenzt von den filigranen Linien der Bergkämme – über eine Heimat spannt, in der man geboren ist und stirbt.

Auf einem Saumpfad ist Horace-Bénédict de Saussure – der Schweizer Wissenschaftler, der die Erstbesteigung des Mont Blanc mit einem Geldpreis angeregt hatte – in diese arme Welt gekommen. Nicht als Eroberer, als Forscher. Und das zweimal. Fünf Jahre nach seinem Gipfelgang am höchsten Berg der Alpen – es war die dritte Besteigung – widmete er sich dem »schönsten«. Die »Valtorneins« wussten zuerst nicht, wer er war, auch nichts von seiner Neugier. Dann aber hofften die Viehzüchter und Ackerbauern, Jäger und Schmuggler, dem großzügigen Forscher würden andere folgen, der Tourismus Wohlstand bringen. Vor allem die Frauen und Mütter, die in jener Zeit das Geld aufbewahrten, für Essen sorgten, die Kleider nähten, die Wäsche wuschen und die Kinder aufzogen, hofften auf ein zusätzliches Einkommen – war es bei schlechten Ernten oft doch unmöglich, mit den Vorräten über den Winter zu kommen.

Vorerst aber bleibt alles beim Alten: Das Brot, das zweimal im Jahr aus Roggenmehl gebacken wird, muss bis zum Winterende reichen – Brot, das wie in einer heiligen Handlung, die mehrere Tage und Nächte andauern kann, von jeder Familie gebacken wird. Brot, mit dem man sechs Monate lang auskommen muss, das den Alten in die Milch gebrockt wird, um es aufzuweichen. Nur an besonders schönen Wintertagen steigen die Männer das Tal hinauf, um das Holz, das sie im Sommer aufgeschichtet haben, und Heu, das in den Sennhütten lagert, auf Schlitten ins Tal zu fahren. Zwischen diesen periodischen Wanderzügen ist Abwarten.

Mitte Juni dann ziehen viele der Talbewohner zu den Almweiden empor. Entweder mit dem eigenen Vieh oder als Senner und Hirten auf die Gemeinschaftsalmen. Allmählich steigen Vieh und Mensch höher, von Weide zu Weide. Wenn eine Fläche abgegrast ist, geht es zur nächsten und weiter bis zur höchsten Alm. Bis dorthin, wo kaum noch Gras wächst, die Hänge für die Tiere zu steil und damit zu gefährlich sind. Bis zur Moräne am Fuße des Matterhorns. Meist sind die jüngsten Kinder dabei, die in dieser Gegend entweder stark werden oder zu krank, um überleben zu können. Zu Michaeli steigen alle wieder hinunter, zurück in die Enge des Tals.

Wieder sitzt man in der Stube, die Fenster mit Stroh verstopft, ein Öllämpchen als Lichtquelle, und erzählt sich Geschichten. Die Väter erzählen sie so weiter, wie sie diese Geschichten von den Alten im Dorf erzählt bekamen: jahrhundertealte Überlieferungen von Mythen, von denen niemand weiß, wie sie entstanden sind; von Traditionen, vielfach vermischt mit heidnisch-christlichen Vorstellungen, an denen hier festgehalten wird. Sie erzählen von Seelen aus dem Fegefeuer, die keine Ruhe finden und nachts als kleine Flammen über die Berghänge irren; von Zwergen, die im Licht des Wintermonds aus ihren Höhlen kommen, in denen sie Schätze verborgen halten; von Gold und Edelsteinen, die die Gipfelfelsen der »Gran Becca« in den letzten Sonnenstrahlen funkeln lassen. Dass im Berg Reichtümer verborgen sein müssen, hat die Phantasie der armen Bergbewohner seit jeher beflügelt, und so mancher Hirte hat als Beweis dafür Kristalldrusen von ganz oben mitgebracht. Waren die Strahler doch vor den Bergsteigern da. An geheimnisvollen Stellen in den Alpen sind Schürfspuren zu erkennen, jahrhundertealt. Aber oben, ganz oben, wo die »Becca« ins All ragt, bilden sich oft Gewitter und schwarze Wolken, die wie Rauch aus der Hölle steigen. Seltsame Figuren haben die Älpler im Nebel schon aufsteigen sehen, und viele von ihnen sind sich sicher: Dort oben kann nur der Teufel wohnen. Er selbst ist es, der Steinblöcke ins Tal niederschleudert, Lawinen donnern lässt, Blitze schickt. Im Gipfelbereich des Matterhorns vermuten die Älpler seit jeher also Satans Reich.

In der höchsten Sennhütte hingegen, der man den Namen vom Windgott Eurus gegeben hat, am Fuße der »Becca«, erzählen die Senner, die Letzten ganz oben, die Geschichte vom heiligen Theodul: Dieser Bischof von Sitten im Wallis kam im vierten Jahrhundert nach Christus von der anderen Seite des Berges ins Valtournenche. Über das Joch, das seither seinen Namen trägt. Er kam nicht, um Wunder zu wirken, sondern um die Einsiedler Evantius und Juvenal zu besuchen. In Breuil aber war zu dieser Zeit ein kleines Kind von einer Giftschlange gebissen worden, und niemand konnte helfen. Der Bischof jedoch – damals noch kein Heiliger – murmelte ein Gebet, und das Kind war geheilt.

Später kamen ständig Leute aus dem Wallis über das Joch, aus dem fruchtbaren Tal im Norden: Leute, die Handel trieben, Tiere eintauschten oder Verwandte besuchten. Ein paar Gläubige kamen auch als Pilger nach Aosta. Der Übergang, damals auch Col du Mont Cervin oder Mont Cervin genannt, war wichtiger als das Matterhorn selbst. Der Berg diente höchstens als Orientierungshilfe. Der Name Mont Cervin wurde ursprünglich – wie auch der Name Matter- oder Mattenberg – auf das Theoduljoch, ja, auf die ganze Gegend im Süden des Matterhorns bezogen. Bevor die heutige Bezeichnung den Berg selbst benannte, hatte jede Dorfgemeinschaft einen »eigenen« Namen für ihn, abhängig von der Gestalt, die er der jeweiligen Talschaft zeigte. Die Legende erzählt, dass wiederholt Wallfahrer in einer Prozession aus dem Valtournenche in die Schweiz gepilgert sind. Von Breuil über das Joch zur Kapelle am Schwarzsee und weiter nach Sitten. Der Glaube war viel stärker als die Neugier, der Berg tabu.

Sechs Priester stellte die Familie Gorret zwischen 1746 und 1861. Amé Gorret, der beim ersten Versuch am Matterhorn dabei war, wurde schon als Kind von seinen Eltern zum geistlichen Beruf bestimmt. Sie gaben ihren Sohn in die Obhut des Vikars, und unter seiner Aufsicht durfte Amé im Pfarrhaus des strengen Erzpriesters von Aosta seine Studien fortsetzen. Auch ab und zu auf Berge steigen. Nicht nur, weil er in Aosta zum Bergseelsorger erzogen wurde, vor allem, weil die Berge hier als ein Gottesbeweis zählen.

Trotz der französischen Aufklärung ist im Tal von Aosta ein konservativer Geist lebendig geblieben. Das Festhalten der Valdostaner an der Sprache ihrer Väter ist ihnen wichtig, dazu ihr Brauchtum, die kirchlichen Festtage. Dabei bleiben sie italienische Patrioten. Ihr Stolz entspricht dem Bewusstsein eines Inselvolks – eifersüchtig darauf bedacht, das Unverwechselbare ihres Daseins zu bewahren. Im Tal südlich des Matterhorns gibt es zu dieser Zeit weder Bergführer noch einen Gasthof. Das Haus, wo Reisende Unterkunft finden, ist das Pfarrhaus, die »Cure«. Vielleicht deshalb, weil der Pfarrer von Valtournenche mit dem valdostanischen Klerus in enger Verbindung steht.

Erst als die ersten Fremden ins Tal kommen – Schweizer, Franzosen, zum Großteil Engländer, Menschen des neunzehnten Jahrhunderts, die zu den Fortschrittlichsten und Reichsten der urbanen Gesellschaft gehören –, weitet sich der Horizont. Sie kommen aus den aufblühenden Industriestädten in die bescheidenen Verhältnisse der Älpler, unter ein Volk, das in mittelalterlicher Bedürfnislosigkeit und Einfalt lebt. Für beide Seiten ein Schock! Die Touristen kommen aus der peniblen Ordnung ihrer nordischen Heimat in ein Gebirge, wo weder Straßen noch Absicherungen zu finden sind. Von Hygiene und Sauberkeit keine Spur. Edward Whymper, der am 28. August 1860 erstmals von Biona im Valpellin nach Breuil unterwegs war, schüttelte nur den Kopf über so viel Rückständigkeit. Er konnte sich nicht damit abfinden und schimpfte die Menschen »Crétins«, ihr Tal eine Unmöglichkeit. Trotzdem, ein Jahr später ist er wieder da.

7

»Diese Masslosigkeit, so viel Arroganz«, ärgert sich Jean-Antoine Carrel, als ihm Favre, der Wirt des Hotels Monte Rosa, die Eintragung im Gästebuch zeigt: *Edward Whymper en route for the Matterhorn*, steht da in englischer Sprache. Das Wirtshaus – eben erst eröffnet – ist eine bescheidene Unterkunft, Whympers klare Handschrift, gut zu lesen, datiert den 27. August 1861.

»Vielleicht ist er nur zu jung für das Matterhorn«, verteidigt Favre seinen Gast.

»Zu jung, zu hochnäsig … er ist ein Dandy, kein Bergsteiger.«

»Er ist besessen vom Matterhorn.«

»Dabei kennt er den Berg gar nicht.«

»Trotzdem will er den Aufstieg wagen.«

»Und ich soll ihn runterholen, wenn es schiefgeht.«

»Er wird nicht weit kommen.«

»Trotzdem, eine Rettung da oben ist unmöglich.«

»Ob er überhaupt den Einstieg findet?«, überlegt Favre.

»Sicher.«

»Nur du, Jean-Antoine, weißt, wo ein Weg zum Gipfel ist.«

»Die abergläubischen Senner da oben fürchten zwar den Berg wie den Teufel, aber sie werden ihm den Einstieg schon zeigen.«

»Warum?«

»Weil er sie ködert, mit Geld oder ihrem Lokalstolz.«

»Du meinst, weil sie den Gipfel für den höchsten Berg in den Alpen, wenn nicht in der ganzen Welt halten?«

»Unsere Talbewohner wissen nichts. Vom Berg nichts, von der Welt nichts«, sagt Carrel.

»Dieser Whymper aber weiß doch ganz genau, dass da oben keine in Trümmern liegende Welt zu finden ist, weder Hexen noch Geister.«

»Trotzdem, kein Mensch aus der Stadt wird je bis dorthin kommen, wenn wir keinen Weg bauen. Gewitter, Steinschlag, Orientierungslosigkeit. Eis und Schnee. Da sind senkrechte Wände, zehnmal so hoch wie unser Kirchturm.«

»Schreckt das auch dich?«

»Es schreckt alle.«

»Dieser Whymper aber will trotz allem hinauf.«

»Es scheint so, der hat keine Scheu.«

»Jean-Antoine, hast du nicht von einem unsichtbaren Zaun gesprochen, den kein Fremder übersteigen darf?«

»Offensichtlich kein Hindernis für ihn.«

»Jenseits davon beginnt das Chaos?«

»Ja. Und die absolute Verantwortlichkeit.«

Am Abend erzählt Favre seinem Gast von diesem Gespräch: »Carrel hat einen Zaun um das Matterhorn gezogen.«

»Wie hoch?«

»Weiß ich nicht.«

»Für wen?«

»Für Fremde.«

»Weiter geht man also nicht?«, fragt Whymper.

»Nicht ohne seinen Segen.«

»Lächerlich.«

»So gebietet es auch die Geistlichkeit.«

Whymper kann nur lachen über so viele Ungereimtheiten.

Am nächsten Morgen zeigen Einheimische auf die Türme und Mauern, die hoch oben am Berg zu sehen sind. Mit freiem Auge!

»Wohnungen des Teufels, nicht der Götter!«, sagen sie.

»Vorurteile«, antwortet Whymper.

Als verstünden die Bauern sein Französisch nicht, starren sie ihn an, mit offenen Mündern. Crétins, denkt der Engländer.

»Cinglé«, flüstern die Bauern einander zu. Der Teufel selbst wird ihm Felsbrocken entgegenschleudern! Zweimal schon, erzählt man, haben die Parker-Brüder den Aufstieg gewagt, von Zermatt aus, zweimal sind sie gescheitert. Niemand ist verwundert darüber.

Ihre eigene Seite des Berges, die Flanke, die man von Breuil aus sieht, ist aus Türmen gebaut, von Schründen durchbrochen, von steilen Felsbändern durchzogen, auf denen meist Schneeflecken liegen. Die Grate sind vom Frost zerrissen, die Schluchten vom Schneewasser ausgewaschen, der Gipfel wie der Kopf eines Adlers – von hinten gesehen. Die »Becca«, der Schnabel, ist nur von der anderen Seite als solcher zu erkennen. Immerzu kommen Geräusche vom Berg: fallende Steine, der Wind an den Graten, Lawinen, Wasserfälle. Als sei die Felsmasse lebendig. Ja, dieser ungeheure Berg verwandelt sich fortwährend.

Einer aber kann auf seiner Oberfläche lesen: Jean-Antoine Carrel. Er redet nicht darüber, aber er hat einen Aufstiegsweg erkannt. An seiner Seite des Berges, im Felsgewirr, das sich über Breuil aufbaut wie eine Sphinx. Sind nicht die Engländer auf der anderen Seite gescheitert, gleich am Fuße des Berges?

Von dieser Nordostseite betrachtet, von Zermatt aus, wirkt der Berg schmal. Dort scheint das Matterhorn manchmal über dem Gebirge zu schweben, seine Grate und Wände erscheinen steiler und ungeheuer hoch. Man muss den Kopf in den Nacken legen, um seinen Gipfel zu sehen. Wer hingegen im Valtournenche nach Breuil aufsteigt, gewöhnt sich langsam an den Anblick des Berges, der in einem weiten Hochtal wurzelt. Von hier aus, von Südwesten, steht das Matterhorn auf einem breiten Fundament, unverrückbar, aus übereinandergestaffelten keilförmigen Pyramiden gebaut. Aus dieser Froschperspektive scheint der Berg tatsächlich besteigbar.

Whymper weiß von den Besteigungsversuchen von Breuil aus. Warum an dieser zerklüfteten Seite der leichtere Weg zum Gipfel führen soll, versteht er allerdings nicht. Und nur weil sich die Führer in Zermatt geweigert haben, von ihrer Seite in den Berg einzusteigen, ist er überhaupt ein zweites Mal ins Valtournenche gekommen. Hinter vorgehaltener Hand erzählt man ihm von den Jägern, die immer wieder und in wechselnden Gruppen hochsteigen würden. Wie hoch sie gekommen sind? Bis zu einem Punkt, den Whymper vom Tal aus mit dreitausendachthundertfünfzig Metern Meereshöhe berechnet. Weitere Nachrichten sind von den Hirten nicht zu bekommen. Nur dass auch Professor Tyndall gescheitert ist. Es ist nicht Schadenfreude, die ihn wärmt, es ist die Genugtuung, in der richtigen Zeit zu leben.

Whymper weiß, dass der erste Engländer, der das Matterhorn von Breuil aus mit den Augen eines Eroberers gesehen hat, Vaughan Hawkins ist. 1859! Sein Führer Johann Joseph Bennen hatte die Überzeugung gewonnen, der südwestliche Grat könne zum Gipfel führen. Ein Jahr später warb Bennen jenen Jean-Jacques Carrel als Träger an, der beim ersten Versuch dabei gewesen war. Dieser ältere Carrel brach also mit Hawkins, Professor Tyndall und dem Führer Bennen auf. Wenigstens die Kluft zwischen der kleinen und der großen Spitze wollten sie erreichen. Im August 1860 schon kletterten sie über die bekannte Südroute auf den Col du Lion. Am Südwestgrat des Matterhorns selbst kamen sie zwar über die erste Steilstufe hinaus, bald aber nicht mehr weiter. Tyndall drängte nach oben, Hawkins aber gab auf, und Carrel blieb bei ihm. Jemand musste auf den Fremden aufpassen. Als auch Tyndall und Bennen nicht mehr weiterkamen, kehrten auch sie um. Die Zeit drängte, sie mussten absteigen, bevor es Nacht wurde. Ob frühere

Versuche höher gekommen sind? Jean-Jacques Carrel gibt dem jungen Engländer darauf keine Antwort.

Für Whymper ist es höchste Zeit, seinen Berg anzupacken, wenn er nicht zu spät kommen will. Professor Tyndall sei wieder da gewesen, habe aber nichts unternommen, hört er. Whymper will also – so sein Plan – so hoch wie möglich am Berg nächtigen, um den Gipfel am zweiten Klettertag zu erreichen. Nachdem sich Carrel ihm verweigert hat, versucht er anderweitig einen zweiten Führer zu finden, vergebens. Matthias zum Taugwald und andere Walliser Führer, die im Tal sind, wollen nichts vom Matterhorn wissen. Nur einen hat Whymper noch nicht angesprochen: Peter Taugwalder, ein kräftiger Bergführer aus Zermatt, ein Mann in seinen besten Jahren.

»Zweihundert Franken am Tag, ob wir Erfolg haben oder nicht«, ist Taugwalders Forderung.

»So viel!« Whymper ist schockiert. Nicht aus Abneigung ihm gegenüber, denkt er, aus Angst vor dem Matterhorn fordern sie einen so hohen, ja, unmöglichen Führerlohn.

»Für jeden Versuch?«, fragt Whymper nach.

»Gleich viel.«

»Das ist ein Zehnfaches von dem, was Carrel gefordert hat.«

»Hat Carrel nicht verweigert?«

»Nicht wegen des Geldes.«

Whympers Budget ist knapp. Ja, Carrel hätte nur ein Zehntel von Taugwalders Lohn genommen, die Verantwortung aber allein nicht tragen wollen.

»Führer, die nur mitkommen, um viel Geld zu verdienen, kehren bei erster Gelegenheit so und so um«, tröstet sich

Whymper und bricht die Verhandlung ab. Er ist sich inzwischen sicher: der einzige Mann, der weiß, wo und wie der Berg zu knacken ist, wäre Jean-Antoine Carrel.

8

AM NÄCHSTEN TAG steigen Whymper und sein Führer aus Chamonix bergwärts. Sie schlafen im höchstgelegenen Kuhstall, wo Hirten ihr Möglichstes tun, den Aufenthalt des Engländers behaglich zu gestalten. Alle – die Fremden und die Bauern – sitzen um den großen kupfernen Kessel am Feuer, als draußen – es ist Nacht – Jean-Antoine und Jean-Jacques Carrel den Berg heraufkommen.

Aha, denkt Whymper, dieser Jean-Antoine Carrel bereut, mein Angebot ausgeschlagen zu haben.

»Durchaus nicht«, sagt Carrel, der die Gedanken des Engländers zu kennen scheint. »Sie irren sich.«

»Weshalb sonst kommt ihr hierher?«

»Weil wir morgen selbst auf den Berg steigen.«

»Es ist also möglich, nur zu zweit zu gehen.«

»Für uns schon.«

»Das heißt, für uns Engländer nicht.«

»So ist es«, sagt Carrel.

»Soll heißen, ihr vertraut meinem Können nicht«, antwortet Whymper.

»Wir wissen nur, wie groß und gefährlich dieser Berg ist.«

Insgeheim bewundert Whymper Carrel für diese Sprüche,

für seine Schlauheit und vor allem für seinen Stolz. Er hätte Lust, die beiden anzuwerben, auch jetzt noch. Er weiß, der zweite Mann ist Jean-Jacques Carrel, der schon Vaughan Hawkins begleitet hat und mit Jean-Antoine Carrel verwandt ist. Kein einfacher Älpler, weiß Whymper inzwischen. Jean-Antoine Carrel war Soldat – als »Bersagliere« Mitglied einer Elitetruppe –, ein Krieger also mit hohen Auszeichnungen. Und er ist der Einzige, der wie er selbst an die Möglichkeit einer Besteigung des Matterhorns glaubt. *Ein Mann ohne Vergleich, der sicherste Bergsteiger seiner Zeit, der Einzige, der niemals aufgibt; dazu überzeugt, dass sein großer Berg besteigbar ist, und zwar von der Seite seines Heimattales*, schreibt Whymper in sein Tourenbuch.

Vor Tagesanbruch kriechen die beiden Carrels aus dem Heu, trinken etwas Milch und verabschieden sich vom Senner. Geräuschlos verschwinden sie im Dunkel der Nacht. Whymper folgt später. Gegen sieben Uhr morgens erst geht er los. Gemächlich schlendert er hinter seinem französischen Führer über die Hänge zum Glacier du Lion und an seinem rechten Rand weiter empor. Sie steigen auf altem, hartem Schnee. Über Felsstufen – »die große Treppe« genannt –, die Carrel Jahre zuvor als den besten Weg zum Berg ausgeforscht hat, erreichen sie den Col du Lion, wo genächtigt werden soll.

Aus der Schlucht von Tiefenmatten steigen dichte Nebel auf. Sie wabern immer höher, scheinen am Berg kleben zu bleiben und lassen bald nur noch ein paar Löcher frei: oben vertikale Wildnis, unten zwischen Fels und Eis der Gletscherboden. Sonst ist nichts zu erkennen. Es sieht aus, als koche die Welt in einem riesigen Kessel unter ihnen. Alles ist düster, geheimnisvoll und bedrohlich zugleich. Whymper will es nicht wahrhaben; aber dieser Anblick des wabernden Abgrunds ängstigt auch ihn. Einen Stein, den er gegen den Tiefmattengletscher wirft, hört er erst nach zwölf Sekunden aufschlagen. Vorstellungen von bösen Mächten, denen er sich ausgeliefert sieht, beginnen ihn zu quälen. Hoch über dem Col tauchen plötzlich Fratzen zwischen den Nebeln auf. Ihn schaudert, auch weil die Leere unter ihm ein Gefühl des Fallens hervorruft. Gleichzeitig beschämen ihn seine Ängste. Kann ihm auf dem Sattel wirklich nichts geschehen? Droht nicht von überallher Gefahr? Steinschlag aus den Nebeln – von der Tête du Lion, vom Matterhorn? Wo sind überhängende Felsen, die seinem Biwak Schutz bieten würden?

Whymper wärmt sich in der Sonne, die immer wieder durch die Nebel bricht, und horcht auf die Carrels, die er hoch über sich rumoren hört. Sehen kann er sie nicht. Sind sie irgendwo am Grat oder schon auf dem Weg zum Gipfel?

Mittags steigen Whymper und sein Führer zum Kuhstall ab, packen ihr Zelt und die übrige Ausrüstung und mühen sich wieder zum Col hinauf. Trotz des schweren Gepäcks erreichen sie ihren Biwakplatz vor sechs Uhr abends.

Whympers Zelt, aus leichtem Leinen genäht, lässt sich aufschlagen wie ein Buch: nach unten offen, das eine Dreieck geschlossen, die vordere Seite als Einstieg mit Klappen versehen. Gestützt von vier Alpenstöcken, die leinenen Wände so verlängert, dass sie unten nach innen umgeschlagen und mit Steinen beschwert werden können, steht dieses Zelt wie von selbst. Zahlreiche Schnüre, die an Steine ge-

bunden werden, und ein Strick, der unter dem Dachfirst und durch die eisernen, an die Spitzen der Alpstöcke geschraubten Ringe läuft, geben ihm auch bei starkem Wind Halt.

Schon der erste Sturm aber wirft das Zelt um. Offensichtlich ist es für die am Berg herrschenden Bedingungen doch nicht gemacht: Wenn die Bergstöcke nachgeben, klappen die Planen ein. Aber Whymper gibt nicht auf, sie müssen auch ohne das Zelt zurechtkommen. Sie setzen sich auf ihre Ausrüstung – der Wind darf nichts von alldem davontragen! – und warten. Als es Nacht wird, hüllen sie sich im Zeltleinen ein, machen es sich so gemütlich wie möglich. Als der Sturm abflaut, setzt eine majestätische Stille ein, von den Carrels ist nichts mehr zu hören. Sind sie umgekehrt? Oder schon außer Hörweite? Auch alle anderen Wesen scheinen sich verflüchtigt zu haben. Keine Steine fallen, kein Wind ist zu spüren, der Schnee gefroren. Es ist bitterkalt, das Wasser in der Flasche Eis. Schlafen können sie nicht. Sie warten. Dieser Durst! Gegen Mitternacht plötzlich ein furchtbares Gepolter: »Steinschlag!« Irgendwo surren Felsbrocken an ihnen vorbei. Wie Geschosse! Man hört das Krachen und Bersten an den Wänden. Von Fels zu Fels springend kommen ein paar Steine näher. Es ist wie Weltuntergang. Sie hören ihn nur, sehen können sie nichts. Dann wieder Totenstille. Und Schwefelgeruch. Whympers Herz rast. Wer der Natur bedingungslos ausgeliefert ist, weiß Whymper jetzt, den befällt unweigerlich die Angst.

Ein klarer Tag bricht an: Die Luft gegen Süden hin flimmert. Noch im Schatten beginnen Whymper und sein Führer am südwestlichen Grat emporzusteigen. Jeder Griff muss sitzen, jeder Schritt jetzt ein richtiges Klettern. Mit jedem Meter Höhengewinn wächst auch der Abgrund unter ihnen, um sie herum im weiten Rund ein Ozean aus Bergen, beherrscht von den drei Großen – Grivola, Gran Paradiso und Dent d'Hérens. Alle drei in einem einzigen Blick zu erfassen! Selbst der Monviso, obwohl hundertfünfzig Kilometer entfernt, ist in seinen Umrissen zu erkennen. Mit den Sonnenstrahlen aber, die ihren Winkel ändern, steiler werden, ändern sich auch die Formen dieser Berge: zarte Linien, die einen verborgenen Schrund andeuten, verschwinden; Wogen von zusammengewehtem Schnee am Gletscher glänzen kurz auf; Leisten an finsteren Felsen treten plötzlich hervor. Darüber jetzt die Weiten des leeren Himmels.

Nach einer Stunde sehen die beiden eine erste Schlüsselstelle über sich, den »Kamin«. Zuerst über Schutt, dann über ein helles Felsband, das sie im Zickzack begehen, und plattigen Fels erreichen sie diese erste senkrechte Stufe, »Cheminée« genannt: eine glatte, gerade Verschneidung zweier Felsfluchten, die im stumpfen Winkel zueinander stehen. Der Führer prüft die Möglichkeit des Weiterkommens. Die Beine gespreizt, die Finger im Riss zwischen den Felsflächen verklemmt, scheint ein Höhersteigen möglich. Weil es der Führer mit seinem langen Körper nicht schafft, wagt Whymper einen Versuch. Er meistert die Kletterei, kann aber seinen Begleiter – unbeholfen und zu schwer – zuletzt nicht hochziehen. Whymper steht jetzt auf einer Plattform und sieht grauen, von bräunlichen Streifen durchzogenen Fels über sich. Das Gelände ist nach rechts hin über Stufen gut zu klettern, die Route übersichtlich. Wenn nur sein Führer nachkommen würde!

»Vorwärts«, ruft er und denkt: dieser Feigling!

»Lieber nicht.«

»Komm nach, ich geb dir Seilzug«, bittet Whymper.

»Wozu?«

»Weil ich höher will.«

»Ich nicht, es ist aussichtslos.«

»Feigling«, ruft der Engländer jetzt laut.

»Haben Sie keine Angst?«

»Nein!«

»Großmaul«, gibt der Führer zurück.

»Feigling«, wiederholt Whymper.

»Steigen Sie doch allein weiter, wenn Sie keine Angst haben.«

»Tu ich auch. Du kannst gehen, hau ab!«

»Gut, ich werde allein absteigen.«

»Ja, geh nach Breuil«, ruft Whymper, »erzähl, dass du deinen Monsieur auf dem Berg alleingelassen hast.«

»Und?«

»Die Leute werden dich nicht verstehen.«

Whymper weiß, dass Verantwortungsgefühl hier mit der Ehre verbunden ist, Fremden beizustehen. Bis zuletzt.

Als der Führer dennoch mit dem Abstieg beginnt, gibt Whymper klein bei. Er bittet seinen Begleiter, zurückzukommen und auf ihn zu warten. Viel weiter will Whymper sich allein nicht wagen. Dabei hat der Tag erst begonnen: Kein Wind, kein Gebrechen, kein Hindernis zu sehen. Das Tor zum Gipfel scheint offen.

Was aber kann er am Matterhorn allein ausrichten? Er ist nicht Jean-Antoine Carrel. Whymper gibt auf, seilt ab – das Seil an einer Eisenklammer befestigt, die er auf Felssimse legt. Gesichert vom Führer, steigt er dann weiter bis zum Col ab. Beide gehen zurück nach Breuil, wo sie gegen Mittag ankommen.

Von den Carrels nichts zu sehen, auch nichts zu hören: keine Nachricht, kein Gerücht. Niemand im Tal weiß, wo sie sind, wo sie waren. Haben die beiden eine größere Höhe erreicht als zuvor? Wie nahe sind sie dem Gipfel diesmal gekommen? Einer der beiden soll sich beim Klettern die Schuhe ausgezogen und diese um den Leib gebunden haben, erfährt Whymper später. Lassen sich schwierige Felspassagen barfuß also leichter klettern? Allerdings soll derjenige bald darauf einen seiner Schuhe verloren und sich ein Stück Seil um den nackten Fuß gebunden haben, um so den Couloir du Lion abzusteigen. Teilweise auf Schnee abrutschend. Bis ins Tal. Über einen neuen Rekord an der

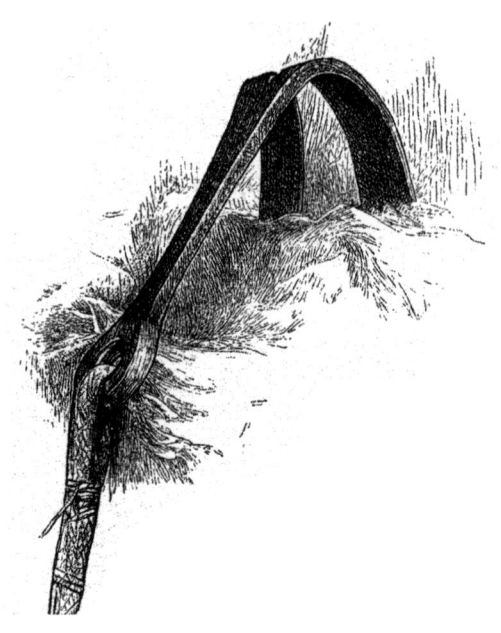

»Becca« ist nichts zu erfahren: Keine Höhenangaben, keinerlei Anhaltspunkte, nur das Gerücht vom Barfußbergsteigen. Whymper ist hungrig nach Informationen, er braucht Vorgaben für einen weiteren Versuch.

Ist doch das Matterhorn mit diesem ersten Versuch in seiner Vorstellung gewachsen. Als der Engländer Breuil 1861 verlässt, hat er begriffen, warum Carrel auf einem zweiten Führer bestanden hat. Allein mit einem Führer kommt ein einzelner Tourist am Matterhorn nicht weit, ohne sein Leben zu riskieren. Whymper will beim nächsten Versuch also mindestens zwei Führer nehmen. Um sich sichern und unterstützen zu lassen. Er ahnt: Nur mit Carrel ist die Besteigung möglich. Whymper weiß: Carrel ist nicht nur stolz, vor allem ist er ein Stratege und zu allem fähig. Er kann ihm in jedem Fall nützlich sein. Also muss er ihn als seinen Partner gewinnen oder als Rivalen fürchten. Entweder oder. In Whympers Augen ist Carrel, so fremd er ihm als Engländer auch sein mag, der geniale Wilde, der nicht wie ein Älpler denkt, sondern wie ein Jäger fühlt und wie ein Städter handelt.

Als Whymper auf der Heimreise über den Theodulpass nach Zermatt wechselt, fasst er den Entschluss, das Matterhorn so lange zu belagern, bis es »besiegt« ist: *Der Berg oder ich!* wird seine Haltung. In diesem Zustand der Euphorie und überzeugter denn je, dass das Matterhorn besteigbar ist, kehrt er nach London zurück.

Carrel schätzt die Zähigkeit und Kletterkunst Whympers. Er hat ihn im Stillen beobachtet, ihm beim Klettern zugesehen. Er weiß aber auch, dass dessen Ehrgeiz auf einem geborgten Selbstwertgefühl aufbaut. Weil er den Berg kaum kennt. Carrel hingegen kennt ihn besser als jeder andere. Daher sein Stolz.

»Vielleicht hätte ich zusammen mit dem Engländer eine Chance«, verrät er seinen Freunden. »Ich will die Besteigung aber nur zu meinen Bedingungen.«

Sicher, Whympers Ausdauer ist zu bewundern – aber es fehlt ihm an Übersicht! Und Demut! Stattdessen Naivität und Überheblichkeit. Mit seinem Gestus und dem feinen Getue zeigt Whymper eine Haltung, die man vom Dandy kennt. Sein Ziel will er in seinem Sinn definiert sehen, sein Tun erklärt er mit vorgegebenen Idealen, er grenzt sich so vom Älpler ab.

»Er redet zu viel«, sagt Jean-Jacques Carrel, im Herbst zurück im Tal.

»Ja, ein Großmaul ist er«, antwortet Jean-Antoine.
»Ihm fehlt die Ehrfurcht vor dem Berg.«
»Auch Erfahrung.«
»Und er hat einen großen Schnabel.«
»Sieht er nicht aus wie das Matterhorn? Frech, hochnäsig, von oben herab.«
»In seinen weißen Hosen und diesem Zelt, das er überallhin mitnimmt, sein Hütchen dazu.«
»›La gran Becca‹ passt zum Berg und zu ihm.«
Beide lachen. Den »großen Schnabel« werden sie ihn in Zukunft nennen. Aber nur, wenn sie unter sich sind.

9

IM JANUAR 1862 wagt der unerschrockene Bergsteiger Thomas Stuart Kennedy aus Leeds in England seinen Versuch am Matterhorn. Von Zermatt aus und mitten im Winter! Ein ungewöhnlicher Plan, eine schräge Idee: Ist der Gipfel im Januar leichter zu erreichen als im Juli? Kennedy macht die Probe aufs Exempel. Mit den Führern Peter Perren und Peter Taugwalder bricht er im Tal auf. Trotz des vielen Schnees. Sie nächtigen in der winzigen Kapelle am Schwarzsee, folgen am Morgen dem Weg der Brüder Parker und steigen am Grat zwischen Nord- und Ostwand in den Berg ein. Wind und Frost aber zwingen bald zur Umkehr. Stillschweigend errichten sie eine Steinpyramide – ein Meter achtzig hoch –, in die sie eine Flasche stecken, darin ein Zettel, auf den sie ihre Namen und das Datum schreiben.

So schnell wie möglich steigen sie nach Zermatt ab, kehren in ihr Leben zurück: »Der Sturm wirbelte den Schnee auf, warf uns Eisnadeln ins Gesicht und riss Schollen von dreißig Zentimeter Durchmesser vom Gletscher. Lange wollte keiner von uns der Erste sein, der nachgibt. Als uns aber ein ungewöhnlich harter Windstoß zwang, hinter einem Felsen Schutz zu suchen, begann das Scheitern. Alle waren wir damit einverstanden, das Unternehmen aufzugeben«, erzählt Kennedy in Zermatt.

Im Sommer 1862 will John Tyndall, einer der erfolgreichsten Alpinisten seiner Zeit, einen zweiten Angriff aufs Matterhorn wagen. Dieser Professor Tyndall aus der Grafschaft Carlow, zwanzig Jahre älter als Whymper, ist ein herausragender Wissenschaftler. Es ist seine Neugier, die ihn Sommer für Sommer in die Alpen treibt. Er hat mit Faraday zusammengearbeitet, sechzehn Bücher geschrieben und ungezählte Vorlesungen gehalten. So wie der berühmte Forscher Tyndall erklärt, weshalb der Himmel blau ist, will der anerkannte Bergpionier Tyndall beweisen, dass es am Matterhorn einen Weg zum Gipfel gibt. Er hat Breuil im August 1861 verlassen, ohne einen zweiten Versuch zu wagen, diesmal aber will er bis zum Gipfel vorstoßen.

Johann Bennen aber, der den Berg in seinem Auftrag von allen Seiten studiert hat, ist skeptisch.

»Unmöglich!«, ist seine ehrliche Meinung.

»Und warum?«, fragt sein Bruder Joseph.

»Viel schwieriger und gefährlicher als gedacht.«

»Und wenn wir den Aufstiegsweg präparieren?«

»Es gibt senkrechte Stellen und kaum Plätze, wo man übernachten kann.«

»Auch nicht auf dem Col du Lion?«

»Auf dem Col könnte man schlafen. Auf Schnee. Wir würden halb erfrieren und am nächsten Tag nicht fähig sein weiterzusteigen.«

»Weiter oben auch kein Unterschlupf?«

»Am Lion-Grat gibt es keine Leisten oder Spalten, die breit genug dafür wären.«

»Ein Aufstieg ohne Biwak?«

»Unmöglich! Wer von Breuil aufbricht, kann niemals an einem Tag zum Gipfel und zurück.«

Bennen will keinen weiteren Versuch wagen, und sein Bericht versetzt Tyndall in Ratlosigkeit. Dazu kommt die Rivalität zwischen den Führern aus Zermatt und jenen aus

Valtournenche, die Tyndall peinlich ist. Er notiert: *Die Schweizer haben mehr Erfahrung im Umgang mit uns noblen Herrn aus England als die etwas grobschlächtigen Führer aus dem Tal auf der anderen Seite des Matterhorns.*

Tyndall erinnert sich noch gut, wie bei seinem Versuch von 1860 sein Führer Bennen den in Breuil angeheuerten Träger Jean-Jacques Carrel ständig beleidigte: »Hier gehe nur ich voraus!« oder: »Er sei still«. Die Stimmung war am Boden. »Er weiß gar nichts«, hat Bennen den Träger angefahren. Die Männer der einen Seite gönnen denen auf der anderen Seite weder bergsteigerischen Erfolg noch Führerlohn, weiß Tyndall. Er ist immer noch entsetzt, ja, angewidert über ein solches Verhalten.

10

IN DEN ERSTEN JULITAGEN 1862 tun sich in Zermatt die Engländer Edward Whymper und Reginald Macdonald mit den Führern Johann zum Taugwald und Johann Kronig zusammen. Das Wetter aber, stürmisch, verhindert einen Wechsel nach Breuil, auf die andere Seite des Berges. In den Tälern Regen, auf den Bergen fällt Schnee.

Am 5. Juli endlich kann die Partie den Theodulpass überqueren. Noch unterhalb des höchsten Punktes beginnt es in der Luft zu knistern. Eine unangenehme Spannung zieht an ihren Haaren, an ihren Körpern. Dichte, schwarze Regenwolken jagen über sie hinweg. Sonst ist alles ruhig. Die Spannung in der Luft aber bleibt, auch jene zwischen Fels und Gewölk. Eine fremde Kraft scheint die ganze Atmosphäre zu durchfluten. Als zerre etwas an ihnen. In ihrer Furcht, zu menschlichen Blitzableitern zu werden, hetzen sie über den Pass und sind froh, auf der italienischen Seite endlich außer Gefahr zu sein. Im Gasthof von Breuil finden sie Schutz: das Rauschen des Regens in ihren Ohren, das Gefühl der elektrischen Spannung immer noch auf ihrer Haut.

Whymper sucht einen Träger und geht auf Anraten seines Wirtes zu den Sennhütten von Breuil, wo ein gewisser Luc Meynet lebt. In einer baufälligen Hütte findet er eine primitive Käserei und ein paar helläugige Kinder. Ihr Onkel sei gleich zurück, deuten sie an. Als wenig später an einer auffälligen Fichte unterhalb von Breuil ein dunkler Fleck auftaucht, klatschen sie in die Hände und laufen ihrem Verwandten und seinem Maultier johlend entgegen. Die schiefe Gestalt hebt die Kleinsten auf und setzt sie in die Körbe, die das Tier an beiden Flanken trägt. Singend erscheint Luc Meynet, der »Bucklige von Breuil«, wie er im Tal genannt wird, vor dem noblen Herrn Whymper: so offen und selbstverständlich mit seiner Behinderung, als lebe er nicht im Elend.

»Der Herr wünschen?«, fragt er.

»Ich möchte dich als Träger verpflichten.«

»Wohin?«

»Matterhorn.«

»Ich habe für die Kinder meines Bruders zu sorgen«, stellt Luc fest. Seine Stimme klingt heiser.

»Verstehe.«

»Und für den Käse.«

Trotzdem willigt er ein. Er wird Whympers Zelt ein Stück weit den Berg hinauftragen. Zusammengerollt sieht es aus wie eine Holzlast, 1,80 Meter lang, gute zehn Kilo schwer. Es ist Whympers neues Zelt – Platz für vier Personen, mit einer Bodenfläche von 1,80 Meter im Quadrat. Mit den Seitenwänden, ebenfalls 1,80 Meter hoch, ergibt sich im Schnitt ein gleichschenkliges Dreieck. Vier eschene Stangen, zwei Meter lang und drei Zentimeter dick, mit Eisenspitzen versehen, stützen die Stoffplanen. Das Seil, das beim Steigen zur Sicherung dient, wird über die gekreuzten Stangen gelegt, am First des Zeltdaches entlanggeführt, die beiden Enden vorn und hinten an Felsblöcken befestigt. Zwei Mann können diese Behausung in nur drei Minuten ausrollen und aufstellen. Auch bei schlechtem Wetter.

Whymper ist stolz auf sein Zelt, steckt doch all seine Erfahrung darin. Es ist zwar nicht völlig wasserdicht, bietet aber genügend Schutz vor Wind, Hagel und Schnee. Sir Leopold McClintock soll ein ähnliches Zelt in der Arktis benutzt haben. Es widerstand den schlimmsten Stürmen.

Am 7. Juli, einem wolkenlosen Montag, bricht Whymper mit seiner Karawane auf. Sie folgen seinem Weg vom vorigen Jahr. Keiner seiner Begleiter kennt das Matterhorn, also geht Whymper voraus. Die Führer rebellieren erst, als er sich versteigt. Beim Versuch, zurück zum richtigen Weg zu kommen, verliert Kronig den Halt, schreit auf und rutscht an den anderen vorbei in den Abgrund. In einer Schnelligkeit, die alle erschreckt. Gekrümmt und blass wie eine Leiche, mit Schmerzen am ganzen Leib, kommt er zu den anderen zurück. Wortlos bleibt er eine Stunde lang sitzen.

Der Tag scheint verloren. Whymper geht weiter voraus. Die Felsen, die den Col du Lion überragen, sind steil und entweder von Eis überzogen oder mit Schnee bedeckt. Also schlägt Whymper auf dem Col sein Lager auf: Das Zelt steht diesmal nicht auf Schnee, sondern auf Geröll, das sie an nahen Felsrändern sammeln. Flache Steine, Erde und Schotter bilden eine Isolierschicht zwischen Eis und Zeltboden.

Der »Bucklige von Breuil« entpuppt sich als angenehmer Gesellschafter, er schlürft den Kaffeesatz und schläft im Zelt an der Tür. Er hat Humor, tut jede Arbeit, räumt sogar das Lager auf, ohne zu murren. Er entspricht wie kein anderer Träger der Vorstellung Whymper'scher Hierarchie. Ja, dieser Luc Meynet, der Zeltträger, leistet seinen Dienst trotz

seiner Missbildung und immer ohne zu jammern. Whymper erkennt in diesem ungewöhnlichen Mann einen guten Kletterer und idealen Begleiter.

In dieser Nacht kommt starker Ostwind auf, der am Morgen zum Orkan wird. Die Männer hocken in einer Art Schneise und sorgen sich um ihre Behausung. Diesmal aber hält das Zelt. Bis Sonnenaufgang warten sie in seinem Schutz ab und überlegen dann, was zu tun ist. In einer Sturmpause gehen sie los. Kaum aber sind sie eine erste Felsstufe, dreißig Meter nur, hochgeklettert, kommt der Wind mit vermehrter Kraft zurück. Steine, so groß wie Fäuste, werden von Felsbändern gerissen; Eisstücke waagrecht in die Luft hinausgeschleudert. Es ist bitterkalt, die Windböen so stark, dass es nicht möglich ist, aufrecht zu stehen. Hinter einen Felsvorsprung geduckt, warten sie ab, wagen sich dann in einer Sturmpause zum Zelt zurück. Whympers Mut ist gebrochen, die Führer Taugwald und Kronig haben genug vom Matterhorn. Auch Meynet will absteigen. Er muss sich zu Hause um den Käse zu kümmern.

Im Gasthof von Breuil trifft Whymper auf Jean-Antoine Carrel. Dieser hat vom erneuten Vorstoß erfahren und will wissen, wie hoch der Engländer gekommen ist. Whymper aber gibt keine Antwort. Er geht auf sein Zimmer, beschämt lässt er seine Führer und Meynet in der Gaststube zurück.

»Wie hoch?«, fragt Carrel den Buckligen.

»Nicht weit«, sagt Meynet.

»Wegen des Sturms?«

»Ja, der Wind.«

»Und das Zelt – hat es gehalten?«

»Ja, und er hat es am Col gelassen.«

»Und Whymper?«

»Kein Problem.«

Als dieser aus seinem Zimmer zurück in die Gaststube tritt, sieht er Carrel direkt in die Augen.

»Wollen Sie mich endlich begleiten?«

»Ist das ein Befehl?« Carrel schmunzelt.

»Nein, eine Bitte.«

»Jetzt gleich?«, fragt Carrel.

»Morgen vielleicht.«

Carrel will einen zweiten Führer und einen Träger, Pession, mitnehmen.

»Am ersten schönen Tag wollen Macdonald und ich losgehen: zu fünft, mit Proviant für drei Tage.« Whymper sagt es im Befehlston.

Carrel sagt nichts, denkt sich aber seinen Teil. Am Berg wird er die Entscheidungen treffen. Die Engländer, weiß er, sind starke Fußgänger, die Natur dieses Berges aber ist ihnen fremd. In seinen Augen sind die Engländer als Kletterer Pfuscher.

Am 9. Juli frühmorgens brechen sie auf: tadelloses Wetter, kein Wind, Führer und Träger gehen voraus. Carrel will so hoch wie möglich am Berg übernachten. Er geht nie zu schnell, aber regelmäßig, und rät, auf Pausen zu verzichten. Er ist ungemein geschickt, führt überlegen, Whymper vertraut ihm jetzt ganz. Ohne auf dem Col anzuhalten, steigt die Partie weiter – bald schon stehen sie höher als die Spitze der Tête du Lion. Unter dem Grat, östlich des »Kamins«, findet Carrel eine geschützte Stelle für ihr erstes Biwak. Die Führer verbinden zwei Felsstufen mit einer Trockenmauer, die aus Felsbrocken geschichtet wird. Unter Carrels Anleitung entsteht so eine stabile Plattform. Als wäre er Maurer von Beruf.

»So was können andere Führer nicht«, lobt Whymper. Carrel verliert kein Wort. Er spricht auch nicht mit den anderen beiden Bergführern aus der Schweiz, obwohl er weiß, dass er auch von ihnen lernt.

Anderntags führt Carrel die Partie höher. Nach nur einstündiger Kletterei stehen sie am Grat, am Fuß eines großen Turms. Unmittelbar über ihnen nur noch senkrechter Fels. Ob dieses Bollwerk rechts umgangen werden kann?

»Wie weiter?«, fragt Whymper.

»Morgen«, antwortet Carrel nur, und alle kehren ins Lager zurück.

Bei schönstem Wetter und relativ hoher Temperatur steigt Carrel anderntags erneut den Kamin hoch. Whymper und Macdonald folgen ohne Probleme, der Träger Pession aber kommt nicht nach. Er ist müde, zu schwach. Carrel ahnte es schon, erkennt das Problem jetzt von oben: Der Mann sieht blass, ja, krank aus.

»Ich geh zurück«, ruft Pession mit heiserer Stimme.

»Nicht allein!«

Carrel weigert sich, den Träger allein absteigen zu lassen. Er fühlt sich für alle verantwortlich, auch für die Führer und Träger. Keinesfalls will er mit den Engländern allein weitersteigen.

»Pession ist hilflos und braucht mich«, sagt er zu Whymper.

»Wir beide, Whymper und ich, könnten versuchen, ohne Führer höher zu kommen«, meint Macdonald.

»Kommt nicht in Frage«, sagt Carrel bestimmt.

Er weiß, dass sie ohne ihn höher oben nichts ausrichten können, und befiehlt den Rückzug: Entweder alle zusammen weiter oder alle zurück.

»Nur noch um die nächste Ecke schauen«, wünscht Whymper. »Warum nicht?«

»Nicht unter meiner Führung. Nicht zu verantworten.«

Also kehrt die Partie nach Breuil zurück. Am nächsten Tag reist Macdonald ab. Er muss zurück nach London.

Wieder ist Whymper am Matterhorn gescheitert. Zum dritten Mal. Keinen Schritt ist er über den höchsten erreichten Punkt seines Führers hinausgekommen. Dabei weiß niemand, wie hoch Carrel inzwischen schon gekommen ist. Es bleibt ein Rätsel. Whymper aber weiß jetzt: Bis zur Höhe von viertausend Metern gibt es keine unüberwindlichen Hindernisse am Matterhorn. Die Steilwände darüber aber, die letzten fünfhundert Höhenmeter, sehen furchterregend aus! Dabei kann schon jede senkrechte Felsstufe, auch wenn sie nicht höher als drei Meter misst, die beste Seilschaft aufhalten. Zwei können sich an solchen Stellen gegenseitig sichern, einander helfen. Zu dritt ist es sogar möglich, kurze Holzleitern oder Stangen einzusetzen. Einen Kranken oder Verletzten im Notfall vom Berg herunterzubringen erscheint ihm allerdings schier undenkbar. Auch deshalb, meint Carrel, muss jede Expedition aus mindestens vier Leuten bestehen. Unbedingt! Je höher oben, umso gefährlicher ist die Kletterei, allein weil mit der Höhe auch die Schwierigkeit einer Rettung zunimmt.

Carrel ist nicht der einzige Führer mit dieser Meinung. Die Schweizer Führer lehnen die Arbeit am »Horu«, wie sie das Matterhorn nennen, nicht nur deshalb ab, weil keiner von ihnen an seine Besteigbarkeit glaubt – sie wollen vor allem nicht umkommen dabei. Es fehlt an Menschen wie Carrel, die den Aufstieg wagen und zugleich alle Verantwortung dafür übernehmen. Whymper, *von Carrel im Stich gelassen*, wie er sagt, wechselt jetzt nach Zermatt auf der Suche nach willigen Führern. Wieder einmal! Während einer stürmischen Woche besteigt er den Monte Rosa.

11

AM 17. JULI kehrt Whymper nach Breuil zurück. Ohne Führer. Den Hörnli-Grat, den er beim Übergang beäugt hat, hält er für unmöglich. Also will er es wieder von der italienischen Seite versuchen. Mit den dortigen Führern. Die Aufstiegsroute ist ihm inzwischen geläufig. Carrel und Meynet aber, beide nicht im Hauptberuf Führer, haben keine Zeit, ihn zu begleiten. Angeblich! Also will Whymper allein los, hat er sein Zelt doch bei der zweiten Plattform zusammengerollt liegen lassen. Ob es bei dem stürmischen Wetter der letzten Tage fortgeweht worden ist?

Am 18. Juli macht er sich auf den Weg, steigt höher und höher, zum Erstaunen der Hirten.

Hoch über den Weideflächen erst beginnt die wahre Kletterei. Der Alleingänger steigt jetzt langsamer, versucht sich jede Stelle einzuprägen, memoriert Landschaftsbilder. Als Orientierungshilfen beim Abstieg. Für den Fall, dass Nebel einsetzt. Dieses Alleingehen weckt seltsame Ängste und zugleich Fähigkeiten im Engländer, und plötzlich sieht er sich als Beobachter seiner selbst. So wie ihn Carrel beim Klettern sehen würde. So fühlt er jetzt auch dessen Sorgen, eine Art doppelter Verantwortung. Die Verantwortung für sich und die für seinen Gast? Wer ganz auf die eigenen Beine und Entscheidungen angewiesen ist, muss auf kleinste Details achten, um Risiken möglichst auszuschalten. Hoch oben am Berg kann jede Bewegung über Leben und Tod entscheiden.

Whymper misst seine Höhe zuerst an der Schneegrenze, dann an den umliegenden Berggipfeln, sieht Landmarken, die ihm früher nicht aufgefallen sind. Er erkennt seine Grenzen und sieht zugleich, dass es jenseits des bisher Erreichten weitergeht. Seine Konzentration beim Erklettern einzelner Felspassagen wird abgelöst vom Staunen über die Vegetation dort oben. Wie einzelne Gräser, Blumen und Moose den großen Berg hinaufklettern! Wohl seit Jahrtausenden schon: Steinbrecharten, Enzian, Linaria alpina, Thlaspi rotundifolium. Immer höher hinauf, wenn auch die allermeisten ihrer Versuche fehlschlagen.

Sein Zelt, es ist eingeschneit, findet Whymper ohne Probleme. Dazu eine Aussicht von großem Zauber, der Himmel ist vollkommen klar. Dem Alleingänger, der nicht abgelenkt ist, erscheint das Rund der Bergketten weiter denn je – die Gipfel von Breithorn, Liskamm, Monte Rosa, die Grajischen Alpen, die Penninische Kette – wie die Kulisse eines göttlichen Welttheaters. Weit weg die Pyramide des Monte Viso, ganz nahe die Dent d'Hérens, ihre Nordwand im Schatten, von ungeheuren Hängegletschern durchzogen. In riesigen Scheiben brechen dort Stücke Richtung Tiefenmatten-Gletscher ab. Weiter rechts die Dent Blanche, aus seiner

Perspektive der schönste aller Berge. Am Matterhorn selbst, wo Whymper steht, ist nur noch steiler Fels über ihm: keine Form, keine Schönheit mehr zu erkennen.

Als die Sonne untergeht, baut Whymper, geblendet von ihrem Licht, sein Zelt auf. Er hat Lebensmittel für mehrere Tage dabei, und es ist nicht kalt. Also beschließt er, die Nacht am Berg zu verbringen, und richtet sich ein. In Breuil, wo alle von seinem nomadischen Umherschweifen wissen, wird sich niemand Sorgen um ihn machen. Aus der Zeltöffnung – ein Dreieck wie die Silhouette des Matterhorns – betrachtet er das Dämmerlicht, das zu Dunkelheit wird: ein Gemälde und zugleich überirdischer, ja, göttlicher Anblick. Ist er der einzige jetzt, der ein solches Schauspiel erlebt? Er staunt und wartet, bis der Mond aufgeht. Zuerst werden die Silhouetten der Berge sichtbar, nach und nach bekommt die Oberfläche dann Tiefe und Struktur. Alles ist großartiger als tagsüber. Diese Weite! Und eine Stille, die alles durchdringt. Whymper ist weder Atheist noch gottgläubig, er ist betroffen: Die nächtlichen Berggestalten glitzern wie riesige Kristalle im All.

Am Morgen kocht er Kaffee, genießt die Behaglichkeit im Zelt und bricht mit Sonnenaufgang auf, weil er fröstelt. Beflügelt vom herrlichen Wetter, klettert er weiter. Höher oben will er einen zweiten Lagerplatz finden.

Aber das einsame Umherklettern in diesem riesigen vertikalen Raum ist so beängstigend, dass er zögert. Das Steigen fällt ihm mit jedem Meter schwerer. Nicht wegen der bergsteigerischen Schwierigkeiten, die Whymper ohne Probleme meistert, es ist das Alleinsein, das ihn irre macht. Auch die Orientierung macht ihm nun zu schaffen. Fehlt ihm doch der Instinkt fürs Gelände, wie ihn Carrel zu besitzen scheint? Aber Whympers Sinn für Gefahren bleibt wach, und den Mangel an Sicherheit glaubt er mit technischen Hilfsmitteln ausgleichen zu können: das Zelt, sein Eisbeil, eine Art Enterhaken, an dem er das Seil fixieren kann, um sich im Notfall über Steilstufen abseilen zu können. Wo es zu kleine oder keine Griffe gibt, legt er diese Klaue auf einen Vorsprung, prüft, ob sie sich festgehakt hat, fädelt das Seil durch den Ring an ihrem unteren Ende und lässt sich mit Vorsicht hinab. Das Seil dabei straff, immer auf Zug, so dass ein Abgleiten des losen Hakens nicht zu befürchten ist.

Trotz seiner Unsicherheit steigt er höher: einmal südlich, auf der Breuil-Seite des Grates, dann nördlich, zur Zmutt-Seite wechselnd. Der Fels liegt in abschüssigen Stufen übereinandergeschichtet, die mehrere Meter hoch sein können. Whymper kommt bis zum Fuß des Großen Turms, den höchsten Punkt, den Hawkins und Tyndall zwei Jahre zuvor erreicht haben. Hier könnte er sein Zelt aufbauen.

Über diesem Großen Turm, der aus dem Grat hervorsteht wie der Eckturm eines gigantischen Schlosses, sieht er eine Reihe von Felszinnen, die sich scharf gegen den hellen Himmel abzeichnen. Wie schwierig ist der Weg bis dorthin?, fragt sich Whymper. Das herrliche Wetter und seine Neugierde treiben ihn weiter. Rechts vom Turm klettert er höher: mitten hinein in diese wilde Felsszenerie! Der Platz für das Zelt ist gefunden, er hat also Zeit, er will sehen, wie die vertikale Welt darüber aussieht. Über Rampen, immer rechts vom Großen Turm, erreicht er eine Scharte zwischen zwei Felszacken. Den Gipfelaufbau sieht er nicht.

Whymper atmet tief ein. Links und rechts sieht er ins Bodenlose, der schmale Grat über ihm scheint zu wanken. Ohne weiter in die Tiefe zu blicken, balanciert er höher, über senkrechte Abbrüche, einmal springt er in die Höhe, um Halt für die Hände zu finden. Es gelingt ihm – die Füße pendeln im leeren Raum –, während er sich über den scharfen Rand der Felsen hinaufzuziehen versucht. Ungeheuer jetzt der Abgrund zum Tiefmatten-Gletscher, ebenso schreckenerregend die Kletterei rechts um einen zweiten Turm herum. Mehrmals kommt Whymper an Passagen, die so wenig Halt für die Hände bieten, dass seine Fingerkuppen abzurutschen drohen. Die Kletterei ist gerade noch möglich! Soll er nicht umkehren? Die Wegsuche kostet Zeit, seine Hände sind blutig, die Knie zittern. Auf Leisten, die immer schmaler werden, klettert er jetzt eine Steilrinne rechts eines gezackten Grates aufwärts: Oft steht er am senkrechten Fels – *mit ausgebreiteten Armen und Beinen, wie ein Gekreuzigter.* Whymper drückt sich an die Felsen, späht nach oben, spürt das Heben und Senken seiner Brust und sucht Halt, den er nicht findet. Weiter links steht ein kirchturmhoher Gratzacken, absturzbereit gegen die Leere dahinter. Das Bild lähmt sein Herz, seine Arme, die Beine. Er sieht weg, ist nur noch Griff und Tritt. Mit einem sprungartigen Spreizschritt zur Seite rettet er sich. Hochgefühl und Angst liegen jetzt nahe beieinander, all seine Konzentration ist geweckt, seine besten Kräfte herausgefordert. Hat er die schwierige Kletterei noch im Griff, oder ist die Linie, die das Mögliche vom Unmöglichen trennt, schon überschritten?

Whymper weiß, dass es eine Grenze gibt, über die er sich

nicht hinauswagen darf. Weil es tödlich, unverantwortlich wäre. Er muss ja über jede Passage, die ihm im Aufstieg gelingt, wieder zurück, abklettern oder abseilen. Diese Grenze aber liegt bei ihm näher bei der Hybris, allen anderen überlegen zu sein, als bei der Einsicht seiner Mängel. Ist er vielleicht schon höher gekommen als alle seine Rivalen?

Sein Weg aber wird leichter, er führt ihn jetzt über kompakte Felsplatten, die abwärts geschichtet liegen, an abgerissenen Trümmern vorbei. Allerorten absturzbereites Geröll. Das Gestein, ein kalkhaltiger Gneis, ist zerklüftet, der Berg hier von der Verwitterung zerhackt. Whymper steht an der Gratkante, im Einschnitt zwischen zwei wackeligen Pfeilern: rechts und links von ihm nur Abgrund. Über ihm immer noch ein zerrissener Grat mit seltsamen Felsformationen – Gnome mit monströsen, grinsenden Gesichtern; wie mit der Axt gespaltene Steintrümmer; isolierte Türme, allesamt absturzbereit. Whymper ist sich der zerstörerischen Wirkung des Frosts bewusst, und er sieht ein, dass ein Weiterklettern an diesem lockeren Gestein zu gefährlich, ja für ihn unmöglich ist. Wie hoch ist er gekommen! Whymper überblickt den mittleren Teil der Penninischen Alpen bis zum Grand Combin – dahinter das Massiv des Mont Blanc. Die Dent d'Hérens, der unmittelbare Nachbar des Matterhorns, ragt nur noch ein wenig über seinen Standort hinaus.

Jetzt erst entscheidet er sich abzuklettern, seilt sich streckenweise ab, lässt Zelt und Eisbeil zurück und eilt in der Dämmerung Richtung Breuil. Am Col du Lion – es fehlen fünfzig Schritte bis zur »Großen Treppe«, über die er noch vor Dunkelheit hinunterlaufen will – zögert er kurz. An der

Felsecke zur Tête du Lion fehlen die Stufen vom Aufstieg. Die Sonnenstrahlen haben das Schneefeld in eine Eisfläche verwandelt, seine Fußstapfen sind verwischt. Die Felsen dahinter sind begehbar, bis dorthin aber müsste er Stufen schlagen: Der Schnee ist sehr hart, am Rand glänzt Eis. Whymper kratzt – die rechte Hand am Fels – mit der Spitze seines Bergstocks Kerben ins Eis. Alles geht gut. Als er sich aber umwendet und ausgleitet, fällt er hin – im Rutschen kann er zuerst nicht begreifen, wie ihm geschieht –, und schon stürzt er über ein steiles Schneefeld in eine Rinne, die zwischen zwei Felsvorsprüngen zum Lion-Gletscher abfällt. In seiner Hilflosigkeit – gleichzeitig absolut gedankenklar und geistesgegenwärtig – weiß Whymper, dass er gut dreihundert Meter Abgrund unter sich hat. Der Fallende überschlägt sich, seine Geschwindigkeit nimmt zu, die Rinne wird enger und enger, bis sie sich zu einem Spalt zwischen zwei Felsmauern verjüngt. Darunter Leere, tief unten der Gletscher. Whymper – mit dem Kopf voraus jetzt – stürzt die Rinne weiter hinab: Nirgendwo findet er Halt – sein Stock ist ihm aus der Hand gerissen worden. In Sprüngen, die immer länger werden, wirbelt er jetzt über Eis, dann über Felsen, wobei er immer wieder mit dem Kopf aufschlägt. Von einer Seite der Rinne auf die andere geschleudert, schlägt er zuletzt mit der linken Seite seines Körpers auf die Felsen, an denen er mit seinen Kleidern hängenbleibt.

Mit dem Kopf nach oben hängt Whymper am Rande des Abgrunds. Stock, Hut und Schal verschwinden mit Felsbrocken, die er beim Sturz aus dem Gleichgewicht gerissen hat, im Dunkel unter ihm, in Richtung Gletscher, zweihundertfünfzig Meter tiefer. Er ist sechzig Meter weit abgestürzt.

Noch drei Meter, und er wäre verloren gewesen. Er macht sich keine Vorwürfe, einen Augenblick aber denkt er an Carrel – was würde der Führer zu einer derartigen Dummheit wohl sagen? Es ist ein Wunder, dass er noch lebt.

Whymper hat schlimme Verletzungen: am Kopf, an den Händen, am ganzen Körper. Das Blut rinnt ihm aus zwanzig Wunden. Mit Schnee versucht er die schlimmste Blutung am Kopf zu stillen. Mit jedem Herzschlag aber sickert mehr Blut aus seiner Kopfhaut. Wie in Trance klettert der Verunglückte zum sicheren Grat zurück, wo er in Ohnmacht fällt.

Es ist Nacht, als Whymper das Bewusstsein wiedererlangt. Trotzdem steigt er die fünfzehnhundert Höhenmeter bis nach Breuil ab. Ohne zu stürzen, ohne je den Weg zu verfehlen. Er geht wie in Trance.

Ich wusste, was geschah, erzählt Whymper später, *fühlte jeden Schlag, hatte aber wie ein chloroformierter Kranker keine Schmerzen. Jeder Schlag war stärker als der vorhergehende, und ich erinnere mich genau, dass ich dachte: Ist der nächste noch stärker, dann ist es vorbei. Mir schossen eine Menge Dinge durch den Kopf, häufig bloß Kleinigkeiten oder Dummheiten, die ich längst vergessen hatte. Merkwürdiger ist, dass dieses Springen durch den leeren Raum nicht unangenehm war. Ich dachte mir, dass ich nicht mehr tief fallen muss, um Bewusstsein und Empfindung gänzlich zu verlieren. Darauf stütze ich meine Behauptung, die vielen als unhaltbar erscheinen mag: Dass der Tod durch Absturz aus großer Höhe ein so schmerzloses Ende ist, wie es kein anderes geben kann.*

»Für den Toten vielleicht«, denkt Carrel, als er die Geschichte erfährt, »aber was ist mit den Hinterbliebenen?«

12

IN BREUIL erfährt Jean-Antoine Carrel weitere Details von Whympers Unfall.

Nein, so etwas hätte ihm Carrel nicht zugetraut. Den Sturz ja, nicht aber die Kaltblütigkeit, mit der Whymper darauf reagiert hat, und auch nicht die Höhe, die er erreicht hat.

Wahrend Whymper, der sich versteckt hält, seine Wunden auskuriert und über die Eitelkeit seiner Wünsche nachdenkt, verbreiten sich Einzelheiten von seinem Sturz am Matterhorn. Von Haus zu Haus, von Mund zu Mund.

Schlimm sind nur die Gedächtnisstörungen, bekennt Whymper später: *Mein ausgezeichnetes Gedächtnis ist zu einem ganz gewöhnlichen geworden. An lange zurückliegende Vorgänge erinnere ich mich so gut wie früher, aber*

die Ereignisse jenes Unglückstages wären mir entschwunden, hätte ich vor dem Unfall nicht Notizen gemacht.

Am 23. Juli schon will Whymper einen neuen Versuch wagen. Mit zwei Führern und Luc Meynet. Carrel geht diesmal nur mit, weil er sehen will, wie hoch der Engländer gekommen ist. Er will sich die Kontrolle über die Besteigungsversuche an seinem Berg sichern! Ohne Probleme klettern sie bei bestem Wetter schon über dem Großen Turm, als plötzlich Nebel aufkommt. Aus dem Nichts, wie aus unsichtbaren Dünsten gezaubert. Nach wenigen Minuten setzen Graupel und Schneefall ein. Mehrere Stunden lang warten sie ab, hoffen und frieren. Endlich, als der Spuk vorbei ist, steigen sie zum Fuß des Großen Turms ab und bauen dort eine Plattform, richten ihr Nachtlager ein. Sie hocken im Zelt, es schneit und schneit. Immer wieder.

»Das Wetter bleibt schlecht«, meint Carrel.

»Bist du sicher?«, fragt Whymper.

Carrel ist besorgt: »Morgen jedenfalls ist der Berg bis unten mit Eis überzogen.«

»Jeder weitere Versuch unnütz?«

»Völlig!«

»Oft aber ist hier oben ein kurzes Gewitter und im Tal Sonnenschein«, gibt Whymper zu bedenken.

»Hoch oben am Berg können Sie nur bei guter Sicht und gutem Wetter arbeiten.«

Whymper legt die Hand an den Fels: »Das Gestein ist warm, Eis kann sich so rasch nicht bilden.« Er will abwarten, bleiben.

Carrel will absteigen. Er duldet keinen Widerspruch. »Hier heroben entscheide ich, und mir ist Ihre Sicherheit wichtiger als der Gipfelsieg.«

Also steigen sie ab, treten am Col aus den Wolken und schauen in ein sonnendurchflutetes Tal. Nur das Matterhorn steckt im Nebel, drumherum herrliches Wetter. Whymper sagt nichts. Mit diesem Carrel ist nicht leicht umzugehen, denkt er.

Nicht Carrels Ehrgeiz aber, die Erstbesteigung des Matterhorns auf eigene Rechnung zu wagen, lässt ihn absteigen, sondern sein Gefühl, dass Whymper zu jung ist für so viel Eigenverantwortung.

Carrel spielt sein eigenes Spiel, und er lässt es Whymper spüren. Er braucht die Engländer nicht, Geld bedeutet ihm weniger als sein Berg. Ob ihn Whymper bittet mitzukommen oder dafür bezahlt, es ist das Gleiche. Er will nur sein Monopol am Matterhorn. Whymper hingegen sieht nur mit Carrel eine Chance, den Gipfel zu erreichen. Er kann sein Verhalten zwar nicht nachvollziehen, Feigheit aber ist es nicht, was Carrel unberechenbar erscheinen lässt. Und ein Zuviel an Verantwortungsbewusstsein kann man einem Bergführer, auch wenn er noch so eigenwillig ist, nicht vorwerfen. Nie kehrt Carrel wegen der Schwierigkeiten um, sein Wunsch, den Gipfel zu erreichen, ist offensichtlich. Carrel aber nimmt als Führer Whympers Können als das Maß für das gemeinsame Dürfen. Nur merkt es der Engländer in seiner Überheblichkeit nicht. Carrels eigene Leute hingegen, die am Berg aufgewachsen sind, wissen instinktiv, wie weit sie gehen können. Jeder Einzelne für sich. Ihnen traut Carrel mehr zu als dem Städter, der erst seit drei Jahren sporadisch in die Berge kommt. Trotzdem, die beiden ergäben zusammen die ideale Seilschaft. Whymper trägt die Kosten, Carrel die Verantwortung. Ganz selbstverständlich, ohne dass darüber geredet werden muss. Nein, darüber muss nicht einmal nachgedacht werden. Carrel interessierte das Können seiner Gäste immer schon mehr als der Führerlohn. Seine Forderungen sind nie übertrieben, und er lässt sich jeweils nur für eine einzige Tour verpflichten und bezahlen.

Whymper, zurück im Tal, ärgert sich. Weil er Zeit verloren hat. Aber Carrel verspricht ihm, am nächsten Tag gleich wieder aufzubrechen.

»Wir werden bis zum Fuß des Turms klettern und die schwierigsten Passagen darüber mit Seilen absichern«, schlägt er vor.

Whymper ist begeistert: »Vom hohen Zeltplatz dann den Angriff Richtung Gipfel wagen?«

Am anderen Morgen wartet nur Meynet, der Bucklige, auf den Engländer.

»Die beiden Carrels sind zum Murmeltierfang aufgebrochen«, entschuldigt sie der Träger.

»Zum Teufel mit den Viechern.«

»Das Wetter ist günstig für die Jagd.«

»Wie soll man sich auf diese Leute nur verlassen können?« Whymper wütet. Er bittet den Buckligen, ihn trotz allem zu begleiten. Nur einmal noch, bevor seine Ferien zu Ende gehen.

»Ich will versuchen, zum Gipfel zu kommen«, sagt Whymper.

»Keine Chance.«

»Warum so hoffnungslos?«

»Der Gipfel ist ohne Jean-Antoine nicht zu erreichen.«

Nach wenigen Stunden schon sind sie am Col du Lion. Meynet fällt auf die Knie, schlägt die Hände ein paarmal zusammen und ruft mit Tränen in den Augen: »O ihr schönen Berge!« Schweigend und ehrfürchtig verharrt er wie ein Betender. Sie klettern dann den Südwestgrat aufwärts, schlafen am alten Lagerplatz unterm Turm im Zelt und brechen am Morgen sehr früh auf. Rasch sind sie über die Stelle hinaus, wo sie zuvor umgekehrt sind. Weiter! Sie kommen zu einer fast senkrechten Wand, klettern darüber hinweg, an abschüssigen Griffen oft, bis unter eine Bresche, wo sie nicht mehr weiterkönnen. Weder vor noch zurück. Über ihnen der Einschnitt am Grat, darüber der Himmel, dahinter Abgrund. Es geht nicht weiter! Beide verharren mitten im Fels. Wie Adler mit hängenden Schwingen.

»Was tun?« Meynet ist ratlos.

»Zurück!« Whympers Einsicht kommt spät. Zu spät?

Er beschließt, nach Breuil zurückzukehren, dort aus Holz

eine leichte Leiter fertigen zu lassen, die ihm beim nächsten Anlauf über diese steilste Stelle hinweghelfen soll.

»Und wer soll die Leiter halten?«, fragt Meynet.

»Carrel.«

An schwierigen Stellen, Whymper nicht aus den Augen lassend, seilt sich auch Meynet ab. Seine Beine baumeln dabei in der Luft. Er bleibt trotzdem fröhlich, als sei ihm der Abgrund auch Trost. »Man stirbt nur einmal«, witzelt er. Zurück im Tal erzählt er Carrel von einer unüberwindlichen Steilwand oberhalb des großen Schneefelds.

13

Inzwischen ist Professor Tyndall, mit drei Führern aus dem Wallis kommend – darunter Johann Bennen sowie Anton Walter –, in Breuil eingetroffen. Mit keinem Wort erklärt er Whymper gegenüber, was er vorhat. Auch Carrel und sein Verwandter, César, sind schweigsam. Sie bleiben aber nicht untätig. Sie haben eine Leiter gebastelt, Lebensmittel besorgt und brechen plötzlich gemeinsam mit Tyndall auf. Whymper ist mehr als enttäuscht über diese Treulosigkeit Carrels, vor allem wegen der Leiter, die ja seine Idee ist. Wieder sieht er sich hintergangen, ja, ausgetrickst. Glaubt Whymper in diesem Moment, dass er verloren hat? Vielleicht. Aber er weiß, dass ohne Carrel ein Wettlauf mit dem Professor aussichtslos, sinnlos ist.

Trotzdem steigt Whymper mit dem Buckligen gegen Mittag von Breuil zum Col du Lion auf. Hinter Tyndalls Partie her. Wenigstens einige Utensilien aus seinem Zelt will er holen. Unter dem Col überholt er die langsame Armee des Professors. Er ist nicht neidisch auf dessen Stil, er beneidet ihn um Carrel. Am Col du Lion hören die beiden ein singendes Geräusch. Erst dann bemerken sie den kopfgroßen Stein, der schnurgerade auf sie zurast. Rasch kriechen sie unter einen Felsvorsprung, der Stein zischt vorbei. Mit höllischem Getöse folgen ihm weitere Felsbrocken, ja, eine ganze Steinlawine. Staubwolken und Schwefelgeruch in der Luft!

Am Zeltplatz wartet Whymper auf den Professor, begrüßt ihn kurz und steigt dann nach Breuil ab. Am nächsten Vormittag – Whymper ist beim Packen – kommen Leute durchs Dorf gerannt, gestikulierend, rufend zeigen sie zum Gipfel des Matterhorns.

»Sie sind oben!«

»Wo?«

»Wo die Flagge weht.«

Whymper nimmt das Fernglas und schaut. Er atmet tief ein und dann aus. Erleichtert! Er weiß jetzt, sie stehen auf der Schulter, nicht auf dem Gipfel seines Berges. Tyndall ist zwar über die Schlüsselstelle hinausgekommen, an der er selbst mit Meynet umgekehrt ist, nicht aber zum Ziel. Zum eigentlichen Gipfel ist es von der Schulter noch weit, der Fels ganz oben sogar überhängend.

Whymper wartet ab, bis seine Rivalen zurück sind. Er will wissen, wie seine Chancen stehen. Dann erst reist er ab. Zum Abschied trinkt er mit Favre ein Glas Wein und verspricht wiederzukommen.

Als die sechs Bergsteiger von oben über die Wiesen da-

herkommen – keine Sprungkraft mehr in ihren Schritten –, wissen es alle: Sie sind gescheitert. Carrel lässt den Kopf hängen, die anderen schimpfen vor sich hin: Wie gefährlich dieser Berg ist, zum Fürchten, eine Unmöglichkeit! Auch Professor Tyndall, der dem Gipfel bis auf einen Steinwurf nahe gekommen sein will, ist jetzt der festen Überzeugung: *Das Matterhorn ist nicht besteigbar.* Er wird keinen weiteren Versuch wagen. Whymper hingegen hat Zelt und Seile bei seinem Wirt deponiert – *zurückgelassen für die Erstbesteigung im nächsten Jahr.*

Tyndall, der es geschafft hat, das Bergsteigen einer breiten Öffentlichkeit nahezubringen, füttert mit seinem Verdikt »unmöglich« Whympers brennenden Ehrgeiz weiter. Nicht nur sich selbst, auch der Englischen Krone will Whymper Ruhm verschaffen. Das England der Eroberer ist ihm Ansporn wie das Matterhorn auch. Angeregt von den Abenteuern der Polarforscher, will er glänzen, ein Nationalheld werden wie Ross oder Franklin. Dem erlauchten Kreis des Londoner Alpine Clubs allerdings ist diese Art Bergsteigen – ein Sport ohne wissenschaftliche Ansprüche – suspekt. Vor allem Whympers Solotrips irritieren. Tyndall hat nur Kopfschütteln und Staunen für ihn übrig: *Da hat ein Jüngling das Klettern gelernt, wagt sich höher und höher hinauf, stürzt sich unvorbereitet in Abenteuer und will zuletzt allein aufs Matterhorn.*

Whymper aber weiß: Mit Carrel kann er den Gipfel erreichen. Zugleich mit der Kunst des Holzstechens, die er vom Vater erlernt hat, seinen Unterhalt verdienen, später vielleicht mit einem bebilderten Buch von seiner Heldentat erzählen. Wenn nur Jean-Antoine zu ihm stehen würde!

Von Anfang an hat Carrel Eindruck auf Whymper gemacht: diese Eigenständigkeit, das Resolute, seine herausfordernde Miene dazu – das gefällt ihm! Nur seine Unzuverlässigkeit beleidigt ihn. Öfter hat er Carrel den Vorschlag gemacht, den Aufstieg exklusiv mit ihm zu wagen. Die Schweizer Führer – zum Teufel mit ihrem guten Ruf – wollen nicht aufs Matterhorn!

Aber Carrel will unabhängig sein, sich die Übersicht bewahren. Nur deshalb will er jede Bewegung des Eindringlings verfolgen. Er handelt wie ein Jäger, nicht wie ein Krieger. Mit Tyndall hat er nun eine Stelle erreicht, die höher oben liegt als die höchste von Whymper markierte. Hätte Whymper seinen Solo-Aufstieg fortgesetzt, Carrel wäre vor ihm hergeklettert: von Felsvorsprung zu Felsvorsprung. In jedem Fall hätte er die Spitze als Erster erreicht. Es ist nicht Neid, der ihn antreibt. Sein zwiespältiges Verhalten Whymper gegenüber, sein Schwanken zwischen Respekt und Dominanz, liegt in seiner Natur. Beide wollen sie das Matterhorn besteigen: Whympers Ehrgeiz, als Erster am Gipfel zu stehen, findet in Carrels Leidenschaft fürs Klettern eine Barriere, ihre Eifersucht gilt dem Berg, nicht dem jeweils anderen. Ja, sie gehören zusammen. Carrel aber ist keine Sklavennatur, und der Dandy aus England, der nicht zugeben kann, dass auch der mittellose Einheimische seinen Willen hat, will immer noch bestimmen. Carrel aber ist weder zum Dienen geboren noch zum Gehorchen bereit.

Tyndall ist also höher gekommen als ich, denkt Whymper. Mit Hilfe dieser hölzernen Leiter, die Carrel auf eine Felsleiste gestellt hat, um über die Schlüsselpassage zu steigen. An der Stelle, wo sie beim Abstieg ein Seil hängen gelassen haben. Als Steighilfe fürs nächste Mal. Er will sie beim nächsten Versuch nutzen.

Das Matterhorn ist für Whymper, was der Mont Blanc für Jacques Balmat war: der Inhalt seines Lebens. Er will den Erfolg mit allen Mitteln. Auch zum Vorteil seiner Landsleute. Handbreit um Handbreit, langsam und mühevoll kundschaftet er seit Jahren einen Aufstiegsweg aus. Als Tyndall und Whymper aber in Wettstreit miteinander treten, ist Carrel der lachende Dritte. Denn als ihr Begleiter weiß er um ihre Fähigkeiten und ihre Schwächen. Also kann er sie beide kontrollieren.

Whymper rätselt einen Winter lang über Carrel und das Matterhorn. Hätte Carrel den Professor auf die Spitze bringen können? Vielleicht, aber Whymper kennt Carrels Charakter, dessen Stolz hätte keinen Schweizer Führer am Gipfel geduldet. Carrel hat zwar Respekt vor Bennen, der seinerseits die italienischen Führer verachtet, niemals aber hätte er ihm beim Aufstieg bis zum Gipfel geholfen. Die Abneigung der Valtournencher gegen die Fremden aus dem Nachbartal sitzt tief. Niemand soll es wagen, ihm seinen Berg streitig zu machen. Dazu kommen die Sprachschwierigkeiten. Bennen spricht nur Deutsch, Carrel neben seinem Dialekt nur Französisch. Sie können sich nicht wirklich verstehen, und Carrels Wesen verträgt niemanden über sich, weder einen Herrn noch einen Führer. Er will das Matterhorn besteigen, aber niemandem dabei unterstellt sein. Als ihn Tyndall unter dem Gipfel, an der Schulter, um seine Meinung fragt – »Wo sieht Er die Möglichkeit eines weiteren Aufstiegs?« –, sagt Carrel nur: »Frage der Herr seinen

Führer. Ich bin nur Ihr Träger.« Aus dieser Antwort spricht für Whymper kein Zorn, nur der Charakter Carrels. Bennen, der Führer, ist gescheitert, nicht Carrel, der Bergsteiger.

14

ALS DER ENGLISCHE ALPENCLUB seine Mitglieder öffentlich dazu aufruft, die Besteigung des Matterhorns zu forcieren, tut sich in Piemont, im Haus in San Valentino, eine Handvoll Bergenthusiasten aus Piemont zusammen, um über die Gründung eines alpinen Vereins zu beraten. Es ist Juli 1863. Stillschweigend wird auch ein geheimes Ziel definiert: Das Matterhorn soll von Italien aus bestiegen werden! Eine Verschwörung gegen die Engländer? Nicht nur. Vor allem soll die Erstbesteigung der Gründung des Club Alpino Italiano – CAI – Aufmerksamkeit verleihen und dem jungen Königreich Italien zur Ehre gereichen. Sind doch englische Alpinisten den Italienern am Monviso, dem piemontesischen Gipfel par excellence, zuvorgekommen. Den Italienern bleibt in den Westalpen also nur noch das Matterhorn, um ihr Können zu zeigen. Erstmals bekommt der Alpinismus damit eine nationalistische Dimension. Sie wird ihn weitere hundert Jahre lang beflügeln.

Die Mitglieder des CAI sind hochmotivierte Wissenschaftler, begabte, wohlhabende Gelehrte: Quintino Sella, Bartolomeo Gastaldi, Felice Giordano, Benedetto Rignon, Perrone di San Martino. Sie wissen von den Versuchen der Valtournencher Führer, die das Terrain seit Jahren vorbereiten. Aber das reicht nicht, es braucht Geld, einen Plan, Logistik, einen Koordinator. Weil weder Gastaldi noch Sella das Unternehmen in die Hand nehmen können, soll Felice Giordano einspringen. Denn die Zeit drängt: Am 23. Oktober 1863 soll die Gründung des Club Alpino öffentlich proklamiert, gleichzeitig die erste Besteigung des Matterhorns durch Italiener gefeiert werden.

15

Im August dieses Jahres aber ist Whymper in Breuil zurück. Regelmäßig wie ein Zugvogel. Um das Matterhorn zu besteigen? Als Erstes sucht er Carrel auf.

»Sie wollen nicht aufgeben«, sagt Carrel.

»Ich kann nicht.«

»Und warum kommen Sie zu mir?«

»Mit dir habe ich Hoffnung, ohne dich keine.«

»Leider kann diesmal auch ich nicht«, sagt Carrel.

Carrel weiß, dass Whymper von ihm abhängig ist. Er macht dem Engländer also keine Hoffnung, auch kein Hehl daraus, dass er andere Verpflichtungen eingegangen ist. Die beiden Männer stehen weiter in einem Trotzverhältnis zueinander. Nur darin sind sie sich einig: Sie steigen nicht in erster Linie für einen Club oder eine Nation, das Matterhorn ist ihre ganz private Sache. Trotzdem vereinbaren sie als Trainingstour eine gemeinsame Exkursion rund um das Matterhorn: Von Valtournenche über Zermatt und das Valpellin kommen sie nach Breuil zurück. Anschließend ist Carrel – begeistert von Whympers Ausdauer – bereit, einen letzten Versuch mit dem Engländer am Matterhorn zu wagen: von Giomein aus. Er hat drei Tage Zeit.

»Aber nur, wenn das Wetter es erlaubt«, sagt Carrel.

Whymper lässt ihm bei der Planung und der Wahl der Führer freie Hand. César Carrel, Luc Meynet und zwei Träger werden mitkommen, entscheidet Carrel. Am Sonntag, dem 9. August, hellt sich der Himmel auf. Die Nebel, die rings um den Berggipfel wabern, werden dünner. Anderntags, noch vor dem ersten Morgenlicht, brechen sie auf. Es ist kühl, sie steigen einem wolkenlosen Himmel entgegen. Noch mehrere hundert Meter unter dem Col – die Felsen sind mit Eis überzogen, darüber lockerer Pulverschnee – will Carrel mit dem Eisbeil den Untergrund prüfen, Stufen schlagen. In diesem Augenblick bricht der Hang, auf dem er steht: Die Schneemassen gehen mit ihm in Schlangenwindungen nieder. Carrel springt hoch, dreht sich in der Luft, fasst die Felsen, von denen er aufs Eis getreten ist – gerettet!

»Es ist Zeit, dass wir uns ans Seil binden«, stellt er fest.

Alle seilen sich an, und Carrel steigt weiter voraus.

Whymper sagt kein einziges Wort. Beide tun so, als ob nichts geschehen wäre.

Carrel geht langsam und gleichmäßig. Sie queren zum Col du Lion, der mit hartem Eis überzogen und ausgesetzt ist wie der First eines Kirchendaches. Whymper weiß in dieser Situation das Kletterseil zu schätzen, aber nur wenn es zwischen ihm und den Bergführern straff gehalten wird. Er weiß: Keinen Meter weit könnte er rutschen, wenn ihn der Vorausgehende und der Hintermann halten. Auf dem Grat, den sie dann emporsteigen, sind die Felsen wie verglast. Das

Schmelzwasser vom Vortag ist in der Nacht gefroren und glasiert die Felsen, die Eisschicht so dünn wie ein Blatt Papier. Carrel kennt das Phänomen, klettert vorsichtig voraus, enteist Griffe und Tritte. Whymper – mit vollstem Vertrauen zu Carrel – folgt, dankbar für die Sicherung von oben.

Am Fuß des Großen Turmes weht ein eisiger Wind. Es lässt sich schwer sagen, woher die Luftströme kommen, Carrel aber spürt, es ist kein gewöhnlicher Wind: Die Luft ist schwerer als sonst. Einmal scheint sie von höher oben herabzufallen, dann ist alles wieder ruhig, keine Wolke ist zu sehen. Dann – ganz plötzlich – bilden sich Nebel, ganz nah am Berg, südseitig und an verschiedenen Stellen: über und unter ihnen. Vereinzelt wirbeln jetzt Flocken aus jagenden Wolken.

»Schneesturm im Anzug«, sagt Carrel.

»Wie lange wird er dauern?«, fragt Whymper.

»Wenn er von Osten kommt, bringt er viel Schnee.«

Schon ist der Grat mit Schnee bedeckt.

»Was tun?«, fragt Whymper.

»Monsieur«, antwortet Carrel, »das Wetter ändert sich hier oben sehr schnell.«

»So plötzlich?«

»Oft in wenigen Minuten.« César lacht.

»Eure Meinung ist nicht gefragt«, raunzt Whymper ihn an.

»Warum nicht?« Carrel sieht den Engländer prüfend an.

»Wann wird es wieder besser?«

»Wer weiß«, sagt Carrel ruhig, »hier ist ein Lagerplatz. Lassen Sie uns haltmachen.«

»Gehen wir weiter, erfrieren wir«, sagt Meynet.

Niemand widerspricht. Die Führer ebnen eine Fläche für das Zelt und stellen es auf. Inzwischen sind die Wolken schwärzer geworden. Die Männer sitzen im Zelt, als das Gewitter losbricht: Blitze schießen in die Felsen, furchtbarer Donner erschüttert den Berg. Whymper verliert den Mut, glaubt, versengt zu werden. Donner und Blitz, zwei kurze, scharfe Schläge, fast gleichzeitig. Zwei Stunden lang mischen sich Donner und sein Echo mit neuem Donner. Der Wind weht von Osten, bleibt aber ziemlich konstant. Immer öfter trifft eine Böe das Zelt, obwohl es geschützt hinter Felsen steht. Whymper fürchtet, sie könnten mit dem Zelt fortgeweht werden. Also bauen die Führer eine Schutzmauer gegen den Wind, der irgendwann gegen Nordwesten dreht. Damit verschwinden auch die Wolken, und wenig später sehen sie, wie die Sonne hinter der Kette des Mont Blanc untergeht. Was für eine Lichtstimmung! Und was für ein Gefühl: Als wären sie nach dem Weltuntergang die einzigen Überlebenden.

Im Zelt, unter ihren Decken, ist es recht bequem, an Schlaf ist trotzdem nicht zu denken. Nach dem überstandenen Chaos sind alle zu aufgewühlt, dazu dauernd irgendwo Steinschlag. Whymper weiß zwar, dass die größten Felsstücke meist erst vor Tagesanbruch fallen, doch Steinschlag macht in der Dunkelheit mehr Angst.

Am Morgen fällt wieder Schnee. Als es später zu schneien aufhört, will Carrel Richtung Schulter aufsteigen. Whymper aber, der das Gelände über dem Turm kennt, dazu das schwere Gepäck – Zelt, Decken, Lebensmittel, eine Leiter und hundertzwanzig laufende Meter Seil –, weiß, dass auf diese Weise der Aufstieg unmöglich ist. Also wird der Rück-

zug beschlossen. Einstimmig diesmal. Nicht einmal das Seil, das Tyndalls Expedition an den senkrechten Felsen unter der Schulter zurückgelassen hat, haben sie erreicht. Einzeln lässt Carrel seine Leute Stück für Stück am Seil ab.

Am Nachmittag sind die Männer in Breuil zurück. Bei schönstem Wetter. Die Wirtsleute staunen, haben sie doch vom vierundzwanzigstündigen Schneesturm oben am Berg nichts bemerkt.

»Wir haben keinen Regen gehabt«, sagt Favre.

»Oben tobten alle Teufel. Ich habe geglaubt, wir sitzen in der Hölle«, sagt Whymper.

»Wie ist das möglich?«

»Dieser Berg ist wirklich verhext.«

Carrel lächelt in sich hinein und geht fort. Für ihn gehören Wind und Wetterstürze, Winter und Wolken zu seinem Berg dazu. Hölle ist nur, wenn die Menschen sich falsche Vorstellungen vom Himmel machen.

»Hat es in der Zeit unserer Abwesenheit hier wirklich nirgends Gewitter gegeben?«, fragt Whymper, nachdem die Führer gegangen sind.

»Nein, immer schönstes Wetter.«

»Keine Wolke?«

»Zwischendurch hatte der Berg einen Hut, ein paar Nebel, an der Südwand Wolkenbäusche, mehr nicht.«

Diesmal fühlt sich Whymper von heimtückischen Wolken genarrt, ausnahmsweise nicht von Carrel betrogen. Das Matterhorn ist ein Wolkensammler, sagt er sich. An der Südseite steigen plötzlich Nebel auf, weil sich dort Wärme staut. Vor allem bei schönem Wetter, an windstillen Tagen, wegen der Temperaturunterschiede. Es ist die Höhe und Lage des Berges, die ihn zum Wettermacher und Wolkensammler werden lassen. Offensichtlich kondensiert die Feuchtigkeit örtlich aufsteigender Luftströmungen an bestimmten Stellen schneller als an anderen. Dort, wo warme Aufwinde auf kalte Luftmassen treffen, entstehen zuerst Nebel, die sich verdichten, und schon bricht zwischen zwei Luftschichten mit unterschiedlicher Temperatur ein Gewitter los.

Whymper denkt viel über diese Zusammenhänge nach – lauter Phänomene der Natur, er ist ein neugieriger Mensch. Zuallererst aber bleibt er Bergsteiger. Sieben Mal hat er jetzt den Berg über den Grat von Breuil aus versucht, das Matterhorn hat ihn immer abgewiesen. Nun nimmt er Abschied, wieder einmal. Wie ein Spieler, der all seine Einsätze verloren hat.

Im nächsten Sommer, weiß Carrel, wird er es wieder wagen, im Glauben, zuletzt zu gewinnen. Einmal muss sich das Glück doch zu seinen Gunsten wenden, und in London hat er Zeit, seinen nächsten Gipfelgang zu planen. Noch ahnt er nicht, dass Carrel nicht mehr sein Mann sein wird.

16

1865 GIBT ES IN ZERMATT zehn ausgewiesene Bergführer. Ihre Kundschaft sind Schweizer, Deutsche, Franzosen, zuallererst aber Engländer. Routinemäßig führen sie ihre »Herren« auf den Monte Rosa: allen voran Peter Taugwalder. Er ist vierundvierzig Jahre alt, neunzig Mal schon stand er auf dem Gipfel. Der zweite in der Rangliste der Monte-Rosa-Führer ist der vierzig Jahre alte Matthäus Zumtaugwald, der 1855 bei der Erstbesteigung mit Ueli Lauener dabei gewesen ist und seither vierzig Mal am Gipfel war. Dazu kommen: der weitgereiste Peter Perren als jüngster Zermatter Führer; Franz Biner, »Weisshorn-Biner« genannt; Johann und Stephan Zumtaugwald, zwei jüngere Brüder des bekannten »Mâthée«; der Mont-Blanc-Kenner Johann Kronig, der sich mit den englischen Reverends auch lateinisch verständigen soll. Alle diese Männer treten nicht als Führergewerkschaft auf: Jeder Einzelne verhandelt mit den Touristen auf eigene Rechnung um Ziel und Führerlohn. Aus langer Erfahrung erkennen sie, was ihre Klientel zu leisten imstande ist, und richten die gemeinsamen Touren danach aus.

Es sind weniger diese Bergführer, sondern eher der Dorfpfarrer, Hochwürden Josef Ruden, und der Hotelier Alexander Seiler, die in diesen Jahren um die Macht in der Gemeinde ringen. Seiler ist von auswärts gekommen, und sein Wort zählt bei den Touristen. Was Ruden predigt, ist für die Zermatter »Burger« heilig. Und weil der Pfarrer gegen die Besteigung des Matterhorns wettert, wagt es Taugwalder nicht, den Hörnli-Grat zu erkunden, geschweige denn das »Horu« zu besteigen. Er ist wohl der einzige in Zermatt, der das Matterhorn für besteigbar hält.

In dieser Zeit ist das Wallis ein Mekka aller großen Alpinisten. Der erste Präsident des Alpine Club, der berühmte Botaniker John Ball, schwärmt von Zermatt. Er nennt es *ein Eldorado für wahre Bergsteiger*. Dabei ist es nur umständlich zu erreichen: Erst nach einer langen Kutschenfahrt durchs Rhônetal und einem siebenstündigen Fußmarsch durchs Mattertal – fünfundvierzig Kilometer weit einem Maultierpfad folgend – gelangen Reisende an ihr Ziel. Normale Touristen sind damit überfordert. Diese Schinderei hält einfache Wanderer von Zermatt fern, echte Alpinisten finden den Ort umso attraktiver.

Ganz anders sieht man den beginnenden Tourismus im Valtournenche. Es ist, als fürchte man dort die »Fremden«. Diese Skepsis geht auf die historische Rivalität zwischen Valdostanern und Wallisern zurück, als auf der Passhöhe des Theodul noch Grenzmauern gestanden haben. Die Älpler im Süden begannen sich zu verbarrikadieren, als sich vom Wallis her Einfälle in ihr Tal wiederholten. Und diese Animosität setzt sich mit dem aufkeimenden Alpinismus fort. Die Bergführer auf der italienischen Seite des Matterhorns sehen in ihren Zermatter Berufskollegen Eindringlinge.

Für die Valtournencher sind alle Fremden Engländer, auch die Deutschen und Franzosen. Als Quintino Sella 1854 das Breithorn besteigt, gilt auch er als Engländer: »Der Engländer aus Biella«, stellt ihn sein Führer vor. Merkwürdige Typen, diese Führer: Mit ihrem Lokalstolz, einer gewissen bäuerlichen Würde, begegnen sie den Reisenden mit einer Art überheblicher Unterwürfigkeit, die auf ihre reiche Kundschaft komisch wirken muss.

Auch auf der Zermatter Seite waren die Führer anfangs nur einfache Leute, naive Bauern. Sie verrichteten Trägerdienste, und im Eis mussten sie vorangehen und Stufen schlagen – waren ihre Arme doch stärker als jene der Städter. Als Gepäckträger und Wegweiser konnten sie sich etwas dazuverdienen und fühlten sich bald als Führer, weil sie den Touristen im Hochgebirge meist überlegen waren.

Für die Führer aus Chamonix, die große Namen haben, sind die jungen Männer aus dem Valtournenche anfangs nichts als Gepäckträger, fühlen sich die Chamoniarden doch all ihren Kollegen in den Alpen überlegen. Vor allem was den Lohn betrifft. Die berühmten Führer aus Chamonix – Michel Payot, Jean Tairraz, Michel Croz, Gédeon Balmat, Jean-Pierre Cachat – können nicht besser klettern als Carrel, mit Touristen jedoch gewandter umgehen. Bald aber spricht man auch von den Führern aus dem Valtournenche mit Hochachtung, und so mancher Tourist gibt ihnen vor denen aus Zermatt den Vorzug: Joseph Bich, einer der ältesten Führer; Augustin Pelissier; Antoine Gorret, der Vater des Abbés Amé; Pierre und Gabriel Maquignaz; allen voran Jean-Antoine Carrel, der leidenschaftliche Jäger und Kletterer, der im August 1862 Tyndall bis zur Schulter des Matterhorns begleitet hat.

Jean-Antoine Carrel! Er hat schon im novarischen Feldzug gedient, kämpfte auf den Hügeln von San Martino gegen das Heer von Gyulay und wird, zurück am Fuße des Matterhorns, zum geläuterten Bergführer. Carrel handelt aus eigenem Antrieb. Obwohl er weiß, dass alle hohen Berge mit großen Gefahren verbunden sind, ist es nicht Wahn, der ihn antreibt, er sucht auch keine Fremden, die ihm Geld geben. Sein Traum gilt dem Gipfel des Matterhorns. Dafür braucht er keine Erklärung. Er will nur als Erster dort oben stehen. Mit den Leuten aus seinem Tal. Denn mit ihm wächst eine kleine Schar lokaler Bergsteiger heran, die einander vertrauen und am liebsten miteinander klettern. Sie sind Senner, Jäger, Maultiertreiber oder auch Schmuggler gewesen, und sie bleiben auch als Bergführer all dies. Diese Montagnards, zäh und an ein einfaches Leben gewöhnt, sehen die Fremden, die aus fernen Städten in ihr Tal kommen, anfangs mit Misstrauen. Sie können ihren Reichtum nicht abschätzen, wohl aber ihren Charakter. Die Fremden verraten ihn beim ersten Gewitter und an schwierigen Kletterpassagen. Ihr eigenes Verhältnis zum Berg ist ein ehrfürchtiges, respektvolles, ihre Demut vor der Natur seit Kindertagen gewachsen. Ihr Lokalstolz hat nichts mit Egoismus zu tun, auch nicht mit Idealismus, sondern mit Eigenverantwortung.

In Zermatt gibt es inzwischen zwei Gasthäuser: das Monte Rosa, von Alexander Seiler geführt, und das Mont Cervin von Josef Anton Clemenz. Die Gäste sind vor allem jüngere Männer der gehobenen angelsächsischen Gesellschaft, die im Sport »mountaineering« miteinander wetteifern. Als wäre das Besteigen der höchsten Alpengipfel eine besonders edle Art der Eroberung.

17

IM SOMMER 1864 scheint Ruhe am Matterhorn zu herrschen. Das Wetter ist meist schlecht, es liegt viel Schnee. Der italienische Geologe Felice Giordano ist in Zermatt. Er füllt seine Taschen mit Steinen und sein Reisetagebuch mit Skizzen zum einzigartigen Aufbau der Matterhorn-Pyramide. Seine barometrischen und geologischen Notizen lassen sich auch als Beobachtungen eines Wissenschaftlers lesen, der alpinistische Ziele verfolgt. Auf der Rückreise von seiner Mont-Blanc-Besteigung, die er vom Col du Géant über den Tacul gewagt hat – als wolle er seinen italienischen Kollegen zeigen, dass man auch von Courmayeur aus auf den höchsten Alpengipfel steigen kann –, sieht er erstmals das Matterhorn: *Großartig, ein wahrer, unregelmäßiger, finster drohender Obelisk.* Am Riffel-See fertigt er eine Skizze, in der er die Stelle markiert, die mit der Höhe der Schulter am Südwestgrat des Matterhorns korrespondiert. *Die bis heute von der entgegengesetzten Seite höchste erreichte Höhe,* schreibt er daneben. Und ins Tagebuch: *Nach meinen Erkundigungen erreichten die Carrels mit Tyndall auf dem Lion-Grat den Ansatz des Schnabels. Es fehlen also nur noch hundertfünfzig Höhenmeter bis zum Gipfel! Um diesen besteigen zu können, werden auf einer Strecke von dreißig Metern Stufen in den Fels zu schlagen sein, was in acht bis zehn Tagen von drei oder vier Steinarbeitern für zwanzig Lire pro Mann und Tag zu schaffen ist.* Das ist Giordanos Strategie für eine italienische Matterhorn-Besteigung.

Als er über den Theodul geht, um in Giomein Jean-Antoine Carrel zu sprechen, trifft er ihn auf dem Joch: *Carrel, einer der Valtournencher Führer, der das Matterhorn besteigen kann und mit Sella darüber gesprochen hat,* steht in seinem Tagebuch.

Quintino Sella, Geologe, Finanzminister und erster Präsident des Club Alpino Italiano, ließ Carrel zu sich nach Biella kommen. Mit der Bitte, nein, dem Auftrag, den Aufstieg bis zum Gipfel des Matterhorns für ihn, Quintino

Sella, möglich zu machen, kehrt er nach Hause zurück. Im Laufe des Sommers 1865 soll er für die CAI-Expedition zur Verfügung stehen.

Felice Giordano trifft Carrel nochmals in Giomein: *Einen ganzen Abend mit Carrel und dem Kanonikus Gorret verbracht*, notiert er in seinem Tagebuch. Um über die Besteigung des Matterhorns zu reden? Worüber sonst.

Wenige Tage später nimmt Giordano in Biella am Kongress der italienischen Gesellschaft für Naturforschung teil und wohnt, wie immer bei solchen Anlässen, im Haus Sella. Am Abend, bei einer guten Flasche Barolo, ist die geplante Matterhorn-Besteigung Gesprächsthema der beiden. Quintino Sella weiß von den Versuchen Tyndalls und Whympers, als Patriot und Präsident des Club Alpino aber will er nicht zusehen, *wie Engländer uns den Berg wegnehmen*. Als gehöre das Matterhorn zuletzt den Erstbesteigern. Der Sieg über das Matterhorn muss also zu einem »italienischen Sieg« werden. *Der italienische Alpinismus braucht einen solchen Paukenschlag. Vor allem wegen der Vorbildwirkung einer derartigen Heldentat für die italienische Jugend.*

Giordano soll das große Unternehmen vor Ort vorbereiten und leiten. Sieht Sella in ihm doch den typischen Alpinisten moderner Prägung, der neben der schwierigen Besteigung auch wissenschaftliche Ziele im Auge hat. Er selbst, Minister des vereinigten Italiens und zu dieser Zeit unabkömmlich, will später nachkommen.

Nachdem sich Tyndall zurückgezogen hat, sind jetzt nur noch Whymper und das Team Carrel/Giordano im Spiel. Dank Carrel sieht sich der Piemonteser im Vorteil. Whymper hingegen, der von Breuil aus wiederholt gescheitert ist, zweifelt inzwischen an Carrels Route. Er plant den Gipfelgang über einen anderen Weg. Ist der Schichtaufbau der Felsen an der Ostwand nicht günstiger?, fragt er sich. Auch die Neigung dort scheint ihm geringer zu sein. Die Ostseite des Berges, zum Hörnli-Grat hin, ist doch leichter! Dort muss der Aufstieg bis zur Spitze möglich sein! Michel Croz, der berühmte Führer aus Chamonix, der Whymper bei der schwierigen Erstbesteigung der Barre des Écrins in den Dauphiné-Alpen begleitet hat, nimmt die Herausforderung an.

18

WHYMPER HAT SEIN MANKO inzwischen erkannt und eingesehen, dass er kein eigenständiger Bergsteiger ist. Er will daher lernen, wie Carrel in Eigenverantwortung auf Berge zu steigen, ebenso erfahren den Weg selbst zu wählen, nur sich selbst zu vertrauen. Ob er dazu fähig ist? Zu seinem Ehrgeiz, Berge als Erster zu besteigen, kommt jetzt der Wunsch, unabhängig von Bergführern zu werden. Die Sommer 1864 und 1865 will er dazu nutzen. In London liest er viele Berichte erfahrener Alpinisten, studiert ihre Niederlagen, um so die Fehler seiner Vorläufer vermeiden zu lernen. Er weiß: Erfolg ist auch am Berg kein Zufall, und es gibt immer auch menschliche Gründe für das Scheitern. Ist es doch der Mensch, der Fehler macht, nicht der Berg. Jedes Scheitern ist auch Üben, oft nachhaltiger als Erfolg und nützlich für die nächste Tour. Auch deshalb ist er so aktiv.

Die Aiguille Verte, ein Viertausender im Osten von Chamonix, ragt wie eine weiße Pyramide in den Himmel. Ihr Gipfel ist unberührt, zwanzig Mal schon angegangen, bevor Whymper ihn ins Auge fasst.

»Nein, nicht bestiegen«, sagt Croz, als sie sich in Chamonix treffen.

»Warum nicht?«

»Es soll eine Reihe Scheinversuche gegeben haben.«

»Von unerfahrenen Touristen?«

»Nicht nur, auch Führer haben bei der ersten Schwierigkeit abgebrochen.«

Whymper weiß, dass Bergführer aus Chamonix reiche Touristen, vor allem prestigesüchtige Mont-Blanc-Aspiranten, anzulocken verstehen, um sie auszunehmen. Unverhohlen scherzt die Führergilde deshalb: »Eine unerstiegene Verte ist als Einnahmequelle ertragreicher als eine bestiegene.«

Für den Einzelgänger Whymper ist das Verdikt »unbestiegen« dagegen eine Herausforderung. Doch trotz seiner Erfolge findet er wegen seines eigenwilligen Charakters und Benehmens – nicht im Jackett, sondern im Pullover erscheint er beim Dinner – nicht die erwartete Anerkennung seiner Landsleute im noblen Alpine Club: »Sein Ehrgeiz ist zu groß, sein Budget zu klein.« Auch die Bergführer, die er gern und oft kritisiert, sehen ihn mit Skepsis. Warum interessiert er sich nur für Berge, die von anderen noch nicht bestiegen worden sind? Zum Beispiel ausgerechnet für die Verte! Er ist weder Lord noch Professor, sondern Graveur, aus einfachen Verhältnissen stammend. Er bleibt vielen ein Rätsel. Man weiß, dass er im Auftrag eines englischen Ver-

lags reist, in die Schweiz, nach Frankreich, um mit seinen Holzstichen ein Alpenbuch zu bebildern. Dabei wurde er rasch zum anspruchsvollen Bergsteiger, der aber zu häufig seine Führer wechselt.

Am 14. Juni 1865 trifft Whymper den Grindelwalder Führer Christian Almer, »Isegrind« genannt. Wenig später kommen Michel Croz aus Le Tour im Chamonixtal sowie Franz Biner dazu. Whymper ist begeistert: *Es ist kaum möglich, zwei Führer zu finden, die besser miteinander arbeiten als Croz und Almer. Croz spricht zwar nur französisch, Almer nicht viel mehr als deutsch. Biner aber spricht beides und ist vor allem deshalb nützlich.* Whymper selbst kann einigermaßen Französisch, ein wenig Deutsch und jene Bergführersprache – Alpinenglisch –, die es ihm erlaubt, sich zu alpinen Fragen zu äußern. Am 16. Juni gelingt dem Team die Erstbesteigung des Grand Cornier, fast viertausend Meter hoch.

Am 20. Juni besteigt Whymper mit Croz das Theodulhorn. Er zeigt seinem Führer dabei den Aufstiegsweg, über den er den Matterhorn-Gipfel endlich zu erreichen hofft: *Statt dem südwestlichen Grat zu folgen, will ich in die rechte Schlucht der Südwand einsteigen, diese über Rampen rechter Hand verlassen und diagonal zum Schnabelansatz am Hörnli-Grat klettern.* Ein verwegener Plan, ein Vorschlag, den kein Führer ernst nehmen kann. Croz aber stimmt zu.

In den Jahren seiner Matterhorn-Versuche hat Whympers Vorliebe für Schneefelder zugenommen, Graten hingegen kann er immer weniger abgewinnen. Seine Überzeugung, *dass der Berg von Zermatt aus steiler aussieht, als er*

wirklich ist, kommt dazu. Vom Riffelberg oder Gornergrat sieht das Matterhorn nur deshalb auf eine unheimliche Weise steil aus, weil seine Grate im Profil zu sehen sind.

»Warum bleibt an der Ostseite der Schnee stellenweise das ganze Jahr über liegen?«, fragt Whymper.

»Ihre Neigung ist gering«, weiß Croz.

»Maximal fünfundvierzig Grad«, schätzt Whymper.

»Von den Sennhütten in Stafel sieht man den Berg wieder in einem anderen Profil.«

»Von dort wirkt er flach.«

»Augenscheinlich«, sagt Croz.

»Die Ostwand«, sagt Whymper, »wenn man zwischen Zmuttgletscher und Matterhorngletscher steht, ist sie gut abschätzbar, vielleicht vierzig Grad geneigt.«

Dazu weiß er, dass die geschichteten Felsen des Matterhorns nach Osten hin aufsteigend liegen, während sie vom Col du Lion zum Gipfel abwärts geschichtet und schlecht zu klettern sind. Die Ränder der Stufen hängen über, und die metamorphen Tonschiefer sind generell schwer zu bewältigen.

»Die Gesteinsschichtung am Südwestgrat ist für uns Kletterer ungünstiger als an der Ostseite«, ergänzt Whymper später.

»Eindeutig«, bestätigt Croz.

»Seit de Saussure weiß man, dass die Schichten in einem Winkel von etwa fünfundvierzig Grad gegen Nordosten aufsteigen.«

»Und warum weiß es der Herr erst jetzt?«

»Erst seit meinem Scheitern vor zwei Jahren am Südwestgrat bin ich sicher, auf der falschen Seite gewesen zu sein.«

»Also deshalb der Entschluss, den anderen, entgegengesetzten Grat anzupacken?«

»Ja, weil er leichter zu klettern ist.«

Whymper glaubt, den Schlüssel für die Erstbesteigung des Matterhorns in der Hand zu haben. Wäre die Ostseite aber eine natürliche Treppe, eine eintausendzweihundert Meter hohe Leiter mit einwärts geneigten Stufen, der Berg wäre längst bestiegen worden. Bei Neuschnee sind am Berg zwar Querlinien, die ziemlich parallel zueinander liegen, zu erkennen, treppenförmig ist der Grat aber auch dort nicht.

Nach dem Ja von Croz wagt es Whymper, den Führern Almer und Biner den Aufstieg über die Rinne, vom Matterhorngletscher bis zum nordöstlichen Grat, vorzuschlagen: »Die Rinne bis zu ihrem oberen Ende, dann weiter über den Grat und hinüber auf die Ostseite. Diagonal über das große Schneefeld und nach der Querung zum nordöstlichen Grat. Zuletzt über steile Felsen und Schnee an der Nordseite zum Gipfel.«

Aufmerksam folgen alle drei der Wegbeschreibung Whympers. Sie nicken.

»Die Strategie ist gut«, sagt einer.

Die Partie steigt nach Breuil ab, wo Luc Meynet, der Bucklige, als Zeltträger engagiert wird. Drei Tage will Whymper dem Aufstieg widmen.

»Erstes Biwak auf dem Felskopf über der Rinne.«

»Einverstanden«, sagt Croz.

»Am zweiten Tag zum Gipfel und zurück zum Zelt.«

»Zu viel«, meint Almer.

»Am dritten Tag jedenfalls steigen wir nach Breuil ab.«

In Favres Küche werden Lebensmittel für drei Tage vorbereitet.

Am 21. Juni 1865 brechen die Männer zu fünft Richtung Breuiljoch auf. Knapp darunter biegen sie im rechten Winkel nach links zur Rinne ab. Je näher sie ihr kommen, umso flacher sieht das Gelände aus. Viel Schnee. Im Schutz der Felsen steigen sie zuerst am rechten Rand der Schneerinne aufwärts, klettern zeitweilig auch auf den Felsen. Während die Führer eine erste Rast einlegen, klettert Whymper auf einen Felsvorsprung, um den Weiterweg zu prüfen: Die Schneerinne, die dreihundert Meter tief in die Mitte des Berges führt, liegt nun wie ein riesiger Trichter vor ihm. Er bemerkt ein paar Steine, die von höher oben kommen und durch die geschwungene Kerbe in der Mitte des Trichters nach unten springen. Ihn können sie nicht treffen. Dann aber folgen, in riesigen Sätzen, tischgroße Trümmer.

»Steinschlag!«, ruft er.

Die Führer, die gerade essen und plaudern, hören das Gepolter zuerst nicht. Ungezählte Brocken – zweihundertfünfzig Meter über ihnen aus der Wand gebrochen – schießen um eine Felskante in die Schneerinne und schlagen weiter unten an Felsen auf. Sie bersten, prallen zurück und sausen nieder, von einer Seite der Rinne zur anderen springend. In Sprüngen von dreißig Metern jagt die chaotische, tödliche Masse über den Schnee: Das Krachen der Aufschläge hallt mehrfach wider.

Die Führer sind inzwischen in alle Richtungen auseinandergesprungen und ducken sich unter die überhängenden Felsen. Die Hammelkeule ist weggeschleudert oder mitgerissen worden, der Weinschlauch entleert sich, während

sich alle fünf so klein wie möglich unter die Felsen ducken. Es ist der Beginn des Scheiterns.

»Nichts wie zurück«, ruft Almer, als die Gefahr vorbei ist.

»Rückzug?«, fragt Whymper. Zuerst will er noch die Felsen über sich erklettern.

»Unmöglich«, erklärt Croz.

Aber Whymper beginnt höher zu steigen. Als wolle er nicht absteigen, ohne wenigstens einen Versuch gewagt zu haben. Doch nach wenigen Minuten schon kommt er zurück.

»Zu gefährlich«, ist auch sein Kommentar.

Almer steht dreißig Meter tiefer und schüttelt den Kopf. Von Biner ist nichts zu sehen. Nur Croz behält seinen Herrn im Auge. Und einzig der Bucklige wäre bereit ihm zu folgen.

»Es ist nutzlos«, sagt er zu Whymper.

»Du hast recht«, presst dieser hervor.

Whmyper ist wieder gescheitert. Aber gleich andertags will er vom Breuiljoch aus über die Ostseite aufs Matterhorn. Wie ein Besessener verfolgt der Fünfundzwanzigjährige jetzt sein Ziel. Wieder vergeblich: Der Gletscher ist böse zusammengeschrumpft, im Süden ziehen dunkle Wolken auf, dazu starker Wind. Aufgeben will er trotzdem nicht. Auch wenn seine Führer alle Hoffnung fahren lassen.

»Weshalb versuchen Sie es nicht mit einem Berg, der bestiegen werden kann?«, fragt Almer ironisch.

Whymper nickt, enttäuscht, weil er diese Haltung nicht teilen kann.

»Verstehen Sie doch, das Matterhorn ist unmöglich«, sagt Biner.

»Unmöglich nur, wenn wir es nicht wagen.«

»Jede Tour, mein Herr, nur nicht das Matterhorn!«, erklärt Almer sich entschuldigend.

»Nur noch ein Versuch«, bittet Whymper.

»Wenn wir zur anderen Seite wechseln«, sagt Croz, »verlieren wir drei Tage.«

Whymper weiß es, sagt aber nichts mehr.

»Am Matterhorn erreichen wir nichts«, ergänzt Croz, überzeugt, Whymper würde ein Einsehen haben.

»Unmöglich! Ganz und gar unmöglich!«, sagt Biner.

»Sie wollten doch im Mont-Blanc-Gebiet Besteigungen wagen, die ich für möglich halte«, lockt ihn Croz zuletzt.

»Ihr versteht mich nicht: Am Matterhorn will ich das Unmögliche möglich machen.«

»Ich aber kann Sie nur später begleiten. Ich muss am 27. in Chamonix sein«, sagt Croz, »andere Verpflichtungen.«

Whymper schwankt. Er vertraut Croz und seinen starken Armen. Als es zu schneien beginnt, steigen sie schweigend ab, gehen geradewegs nach Breuil und weiter ins Valtournenche, wo sie übernachten. Am nächsten Tag wandern sie nach Châtillon und durchs Aostatal weiter bis nach Courmayeur.

Am 24. Juni gelingt ihnen, fast nebenbei, die Besteigung der Grandes Jorasses von Courmayeur aus. In Chamonix trennen sich Whymper und Croz, der einem anderen Klienten verpflichtet ist.

Am 29. Juni steht Whymper auf dem Gipfel der Aiguille Verte. Mit Almer und Biner. Wieder eine Erstbesteigung! Von Montenvers aus überqueren die drei anschließend die Montblanc-Kette, erreichen Courmayeur und reisen nach

Aosta weiter – über die nie zuvor begangene Grateinsenke des Talèfre-Gletschers. Dieser Engländer ist nicht kleinzukriegen, denken die Führer. Mit keiner Kletterpartie, mit keinem Gewaltmarsch! Gemeinsam mit ihm haben sie in den vergangenen Wochen eine Höhendifferenz von dreißigtausend Metern bewältigt. Whymper ist in der Form seines Lebens. Er will zurück zum Matterhorn. Jetzt oder nie! Almer und Biner aber haben genug. Sie wollen vom Matterhorn nichts mehr wissen.

Zurück in Breuil, sucht Whymper Carrel auf. Die beiden sind mehr denn je Rivalen, dennoch die ideale Seilschaft. Whymper bewundert Carrels Genie am Berg, mehr als alles andere: Carrels Gewandtheit, *die gegen meine Unbeholfenheit ebenso absticht wie seine Bewegungen gegen die der Gämsen.*

Gemeinsam besteigen die beiden in den folgenden Tagen den Gipfel des Grand Tournalin über dem Dorf von Valtournenche: Fast zweitausend Höhenmeter in nicht einmal vier Stunden. Wollen sie sich gegenseitig ihre Ausdauer beweisen? Sich auf die Probe stellen?

19

Turin, den 7. Juli 1865
Lieber Quintino! Der Tag der Abreise nach dem bewussten Ort ist da. Ich bin auf das Beste ausgerüstet. Vorgestern schickte ich das erste Zelt, 300 Meter Seil, eiserne Haken und Klammern ab, außerdem Mundvorräte für uns,

einen Spirituskocher, um Schnee zu schmelzen und Tee zu kochen. Alles zusammen hat ein Gewicht von zirka 100 Kilogramm. Ich schickte auch 22 Lire an Carrel, damit er die Sachen in Châtillon übernimmt und sie sofort ins Valtournenche und weiter nach Breuil bringt. Ich selbst werde morgen Abend dort sein, um alles zu überwachen. Mit mir nehme ich ein weiteres Zelt, drei Barometer, auch den Deinen. Sobald ich an Ort und Stelle bin, schreibe ich Dir. Du brauchst nur an Dich selbst zu denken, das heißt für Kapuze, zwei oder drei Decken und gute Zigarren zu sorgen. Wenn möglich, bring auch guten Wein und etliches Kleingeld mit, ich habe nur 3000 Lire dabei. Ich freue mich auf diesen Teufelsberg, den Angriff, den Sieg. Wenn uns Whymper nicht zuvorkommt, gehört er uns.

Felice Giordano hat sein Unternehmen, die italienische Expedition, gründlich vorbereitet: Experimente zur Festigkeit der Seile gemacht und Zelte eingekauft. Am 8. Juli trifft er in Valtournenche mit Carrel zusammen. Drei weitere Führer – César Carrel, Charles Gorret und Jean-Joseph Maquignaz – sind anwesend. Sie sind gerade von einer Erkundung am Matterhorn zurück, abgestiegen, weil das Wetter schlecht geworden ist.

Zuvor aber hat Carrel nochmals mit Whymper gesprochen und dem Engländer angeboten, ihn bei einem Versuch über die schweizerische Seite des Matterhorns zu begleiten. Bis maximal Dienstag, den 11. Juli, ist Carrel Whymper im Wort. Vorausgesetzt, das Wetter wird gut. Doch es bleibt in den vereinbarten Tagen schlecht. Aufstieg zwecklos. Der Engländer weiß so gut wie er, dass das Matterhorn bei schlechtem Wetter nicht besteigbar ist. Carrel fühlt sich somit frei für den Auftrag von Sella und Giordano, ohne Whymper gegenüber wortbrüchig zu werden. Er soll das Matterhorn für sie mit Aufstiegsstufen präparieren.

Als Whymper am Morgen des 9. Juli nach Valtournenche absteigt, kommt ihm eine Partie entgegen. Zu seiner Überraschung sieht er Carrel in Begleitung eines fremden Herrn. Sie reisen mit viel Gepäck. Carrel erklärt Whymper, dass er ihm ab Mittwoch, dem 12. Juli, nicht weiter dienen kann. Er sei dann anderweitig verpflichtet.

»Wem?«, fragt Whymper.

»Einer *Famille de distinction*.«

»Warum sagst du mir das erst jetzt?«

»Das genaue Datum ihrer Ankunft stand nicht fest.«

»Ich habe früher angefragt.«

»Nein, diese andere Verpflichtung bin ich vor Monaten schon eingegangen, lange bevor Sie in Valtournenche eintrafen.«

»Morgen ist Aufbruch«, sagt Whymper im Befehlston.

»Leider haben wir Schlechtwetter.«

Jetzt steht Whymper ohne Führer da. Am Abend sitzen die beiden dennoch im Gasthof beim Wein und erzählen einander Geschichten. Wie gute alte Freunde. Whymper ahnt noch nicht, was Giordano und Carrel vorhaben.

Giomein, 11. Juli. Die Führer sind am frühen Morgen aufgebrochen, die italienische Expedition ist also angelaufen. Sie soll für Quintino Sella und das Königreich Italien den Weg zum Gipfel gangbar machen: »Viva l'Italia!«

Whymper, der immer noch glaubt, Carrel in der Hand zu haben, ärgert sich maßlos. Zahlt der Italiener besser? Hat Carrel ihn, seinen Schüler, des Geldes wegen versetzt? Sein Groll ist verständlich, Verrat aber ist nicht im Spiel. Carrel und seinen Leuten ist kein Vorwurf zu machen, nur weil sie Giordanos Pläne nicht ausgeplaudert haben. Es ist nicht fair, die Italiener der Hinterlist zu beschuldigen, hat Carrel doch seine per Handschlag eingegangene Verpflichtung eingehalten. Nur das schlechte Wetter hat den besprochenen gemeinsamen Versuch vereitelt.

Giordano ahnt noch nichts von Carrels Leidenschaft, seiner Besessenheit vom Matterhorn. Er kennt die Geographie, die Morphologie des Berges, nicht aber die Sehnsucht und Hingabe seines Handlangers, der für ihn und Sella den Weg zum Gipfel nur vorbereiten soll. Gelassen wartet er in den nächsten Tagen auf die Nachricht Carrels, die Aufstiegsroute sei für ihn und Sella präpariert.

Abends, im Gasthof zu Breuil, *am Fuß des Theodul, den 11. Juli*, schreibt Giordano an Sella.

Lieber Quintino!

Es wird Zeit, dass ich Dir Nachricht gebe. Samstag, den 8., nachmittags, kam ich nach Valtournenche. Hier traf ich Carrel, der gerade von einer Rekognoszierung des Matterhorns zurück war, die er wegen Schlechtwetter aufgeben musste. Whymper ist zwei oder drei Tage vor mir hier angekommen. Er wollte sofort hinauf, hat Carrel, der meine Briefe noch nicht erhalten hatte, angeheuert. Zum Glück für uns fiel schlechtes Wetter ein. Whymper konnte seinen Versuch also nicht unternehmen. Carrel, der Whymper nur für ein paar Tage verpflichtet war, machte sich frei und kam zu mir, mit fünf anderen Männern. Alle von Carrel ausgewählt, darunter die besten Führer des Tales: César Carrel, der Sohn von Jean-Jacques, Charles Gorret, der Bruder des Abbé Gorret, und Jean-Joseph Maquignaz, Steinarbeiter von Beruf.

Unsere Expedition steht, Carrel ist ihr Leiter. Um kein Aufsehen zu erregen, haben wir Proviant, Seile und andere Ausrüstung in eine abgelegene Hütte nach Avouil bringen lassen, wo unser Hauptquartier sein soll.

Von den sechs Männern sollen die vier Führer langsam nach oben klettern und die Route präparieren, zwei Träger die ganze Zeit Ausrüstung schleppen. Ich selbst bleibe vorerst in Breuil.

Das Wetter, unser gewaltigster Gott, von dem alles abhängt, war bisher wechselhaft, meist schlecht; gestern morgen schneite es auf dem Matterhorn, abends hat sich der Himmel aufgeheitert.

In der Nacht – vom 10. zum 11. – gingen die Leute mit den Zelten ab. Ich hoffe fest, dass sie schon ziemlich hoch sind; leider schlägt das Wetter wieder um, Nebel umwabern das Matterhorn. Sollten sie sich verziehen, hoffe ich, in drei oder vier Tagen Nachricht zu bekommen, was sich wird machen lassen. Immer sofern es das Wetter zulässt.

Carrel ist äußerst vorsichtig, ja sogar misstrauisch mir gegenüber. Er sagt mir, ich solle nicht eher hinauf, bis er es erlaubt. Persönlich will er vorher das letzte Stück, den Gipfelaufbau, erkunden. Von hier unten gesehen, scheinen die höchsten Felswände nicht völlig unzugänglich, um aber ein Urteil darüber fällen zu können, muss man zuerst wohl oben gewesen sein. Außerdem will Carrel sehen, ob sich ein Biwak höher oben, als Whymper es genutzt hat, einrichten lässt. Sobald ich günstige Nachricht von Carrel bekomme, sende ich einen Expressboten nach St. Vincent, der nächsten Telegraphenstation. Mit einer Depesche. Nur ein paar Worte. Du kommst dann bitte sofort!

Sei so gut und antworte mir umgehend auf meinen Brief. Zwei Zeilen nur. Wie soll ich mich verhalten, befinde ich mich doch ständig in Schwierigkeiten: das Wetter, die Spesen und Whymper. Ich versuche all unsere Bewegungen geheim zu halten, aber dieser Mensch, dessen ganzes Leben am Matterhorn zu hängen scheint, ist hier und überall. In seinem Argwohn hat er alles im Blick.

Vorsichtshalber habe ich alle fähigen Männer von hier angeheuert, aber dieser Phantast ist so sehr auf unseren Berg erpicht, dass er zuletzt imstande ist, mit andern hinaufzusteigen, nur um uns damit einen Streich zu spielen. Er wohnt im selben Gasthof wie ich, wir beäugen uns gegenseitig. Um nicht mit ihm reden zu müssen, weiche ich ihm aus. In Summa: Ich werde tun, was ich kann, und hoffe, die Sache geht gut für uns aus. Wenn uns nur Aeolus gnädig ist!

Ich schreibe Dir nicht weiter. In Erwartung, Dir bald die gute Nachricht senden zu können, der Weg zum Sieg sei bereitet. Mögen Dich diese alpinen Nachrichten ein wenig der Schwüle Turins und des Ministeriums entrücken.

Minister Sella ist in diesen Tagen mit allerlei Finanzoperationen gefordert, dazu kommt die Verlegung der Hauptstadt des vereinigten Königreichs von Turin nach Florenz. Nein, es sind nicht die Kosten der Expedition, die ihm Sorgen machen, es ist die Politik, die ihm keine Zeit für die Berge lässt. Wie soll ein Minister auch zwischendurch schnell aufs Matterhorn?

Während Whymper die Bewegungen Carrels am Berg mit dem Fernglas verfolgt, sieht sich Giordano schon im Vorteil. Er verbringt seine Zeit mit Abwarten und Exkursionen, wobei ihn Amé Gorret, der junge Vikar von Cogne, begleitet. Sie diskutieren viel miteinander, steigen zusammen über das Theoduljoch und erklettern ein paar umliegende Gipfel. Giordano zeichnet, nimmt barometrische Messungen vor. Zwischendurch richtet er sein Fernglas aufs Matterhorn. Immer wieder!

Whymper hingegen bleibt ohne Carrel aktionsunfähig. Sein Ziel aber gibt er auch jetzt nicht auf. Könnten die Steighilfen, die Carrel gerade anbringt, am Ende doch ihm selbst helfen, den Gipfel zu erreichen. Auch im schlechten Wetter, das Carrel aufhält, sieht Whymper seinen Vorteil.

Ganz plötzlich aber packt Whymper seine Sachen. Will er nach Zermatt wechseln?, fragt sich Giordano. Um den Gipfel von der anderen Seite zu erreichen? Bevor die Italiener oben sind? Ist der Nordostgrat doch Whympers letzter Trumpf.

20

AM 11. JULI STEHT WHYMPER vor dem Gasthof und sieht durch das Fernrohr: Er beobachtete eine Gesellschaft, die über die Hochalmen Richtung Matterhorn steigt.

»Was geht da vor?«, fragt er aufgeregt den Wirt Favre, der neben ihm steht.

»Eine italienische Expedition versucht eine Besteigung des Matterhorns.«

»Wer ist ihr Führer?«

»Carrel.«

»Jean-Antoine?«

»Ja, Jean-Antoine Carrel.«

»Ist auch César dabei?«

»Ja.«

Damit erfährt Whymper, dass die Sache seit langer Zeit verabredet ist: Carrels Versuch vom 6. Juli war eine Erkundung, das Maultier, das am 9. Juli Lebensmittel zum Berg getragen hat, Teil des Unternehmens.

»Diese Männer werden nichts erreichen«, schimpft Whymper.

»Warum das?«

»Die Führer von Valtournenche arbeiten wie die Schweizer Führer auch nur für Geld, nicht für die Ehre.«

»Der vornehme Herr hinter Ihnen«, flüstert Favre, »ist Signor Giordano. Er soll für Minister Sella einen Weg zum Gipfel auskundschaften und diesen präparieren lassen. Mit Leitern, Stufen und fixen Seilen.« Favres Schadenfreude ist in jedem Wort spürbar.

Whymper geht auf sein Zimmer, raucht eine Zigarre und

überlegt, wie er den Italienern zuvorkommen kann. Eine Maultierladung Lebensmittel bedeutet Ballast und damit Zeitverlust, denkt er. Er muss jetzt rasch handeln. Whymper schickt Boten nach allen Richtungen. Er sucht Träger für sein Gepäck. Umsonst: niemand zu bekommen. Die besten Leute sind am Berg, kein Maultiertreiber in Breuil, Meynet, der Bucklige, ist beim Käsemachen. Zum Glück ist der Berg immer noch in Nebel gehüllt.

Sie werden mindestens eine Woche brauchen, um ganz oben zu sein, rechnet sich Whymper aus. Also Zeit genug, nach Zermatt zu wechseln und einen Versuch an der Ostseite zu wagen. Wenn mein gedachter Weg der richtige ist, bin ich in drei Tagen am Ziel. Wenn nicht, bin ich immer noch vor dem Gipfelgang der Italiener zurück in Breuil. Es gilt, die Listigen zu überlisten, denkt er im Stillen.

Gegen Mittag sichtet Whymper unterm Theodul eine Seilschaft: ein junger Engländer mit einem der Söhne Peter Taugwalders, stellt sich heraus. Sie sind von Zermatt gekommen. Kann Whymper seinem Landsmann den Taugwalder-Sohn abwerben?

»Ich bin Francis Douglas, der Bruder des Marquis von Queensberry«, stellt sich der Lord vor.

»Haben Sie nicht das Obergabelhorn bestiegen?«, fragt Whymper.

»Yes.«

»Gratulation!«

»Thanks.«

»What's next?«

»Morgen geht es zurück nach Zermatt.«

»Darf ich Ihren Träger nutzen?«, fragt Whymper forsch.

»Kein Problem. Ich habe kein Gepäck.«

»Ist er nicht der Sohn des berühmten Peter Taugwalder?«

»Ja, der zweitälteste.«

»Habe von ihm gehört.«

»Peter hat mir einen Vorschlag gemacht.«

»Ja?«, fragt Whymper aufgeregt. »Neuigkeiten vom Matterhorn?«

»Peter Taugwalder hat am Hörnli-Grat einen Aufstieg entdeckt.«

»Hält er die Besteigung über die Schweizer Seite wirklich für möglich?«

»Ja.«

»Sind Sie deshalb hier, Lord Douglas?«

»Ja.«

Bald sind sich die beiden einig: Sie wollen das Abenteuer gemeinsam angehen. Favre gibt ihnen einen seiner Leute mit, und schwerbeladen steigen sie über den Theodulpass und den Furggengletscher bis zu der kleinen Kapelle am Schwarzsee, wo sie Whympers Ausrüstung – Zelt, Decken und Seile – hinterlegen. Drei Sorten Seile sind darunter, alles in allem mehr als hundertsechzig Meter: Dickere Manilaseile, eines sechzig, das andere fünfundvierzig Meter lang, dazu gut sechzig Meter von einem schwächeren Seil.

Für Whymper ist der Hörnli-Grat seine letzte Chance. Wie Vater Taugwalder weiß er, dass die Ostwand steiler erscheint, als sie ist. Nur oberhalb der Schulter ist der Grat wirklich steil. Zu steil?

21

AM MORGEN DES 12. JULI steigt Giordano zur Sennhütte in Avouil hinauf und erfährt, dass am Abend zuvor zwei Leute Carrels da gewesen sind, um Vorräte zu holen. Sie seien unverzüglich auf den Berg zurückgekehrt, sagt man ihm. Die Hirten erzählen, Carrel sei inzwischen bis unter die Schulter aufgestiegen, um das letzte Zelt so hoch wie möglich zu platzieren.

Am 13. Juli sieht Giordano in Giomein durch das Fernrohr: Nein, er täuscht sich nicht! Lange Eiszapfen hängen an den Gipfelfelsen. Er ist enttäuscht, ja, erschüttert. So kann Carrel nichts ausrichten, und Whymper ist unterwegs, weiß er, vielleicht schon hoch oben auf der anderen Seite des Berges.

Carrel und seine Leute klettern weiter. Es ist Luc Meynet, der die Führer sieht. »Sie arbeiten unter der Spitze der Schulter.«

Der Abend ist wunderbar: die Luft weich, der Berg scharf in seinen Umrissen, der Himmel darüber voller Sterne. Giordano hofft, dass Carrel ihn holen lässt. Er will dabei sein, wenn das Matterhorn erstmals bestiegen wird. In dieser Nacht bleibt er wach, kann nicht schlafen. Er ist sicher, dass man ihn holt. – Für den Gipfel!

Niemand auf der italienischen Seite des Matterhorns weiß, dass Whymper den Aufstieg am Hörnli-Grat schon begonnen hat.

Am 14. Juli abends schreibt Giordano voller Stolz an Minister Sella:

Im Gasthof zu Breuil, den 14. Juli 1865
Lieber Quintino!
Mit Abbé Gorret als Expressboten sende ich Dir eine Depesche nach St. Vincent, sieben Wegstunden von hier. Um ganz sicherzugehen, sende ich Dir auch diesen Brief.
Etwas Großes ist geschehen! Heute, um 2 Uhr nachmittags, sah ich mit einem guten Fernrohr Carrel und Genossen auf dem höchsten Punkt des Matterhorns. Viele andere sahen sie mit mir. Der Erfolg ist so gut wie gewiss, obwohl das Wetter vorgestern noch schlecht und der Berg mit Schnee bedeckt war.
Wenn Du irgendwie kannst, komm schnellstmöglich hierher oder telegraphiere mir Deine Pläne nach St. Vincent. Ich weiß nicht einmal, ob Du in Turin bist! Seit acht Tagen habe ich nicht die geringste Nachricht von dort; ich

schreibe daher aufs Geratewohl. Wenn Du bis morgen nicht kommst oder nicht telegraphierst, steige ich selbst hinauf und setze unsere Flagge auf den Gipfel. Es ist wichtig für unsere Sache. Werde mein Möglichstes tun, zuerst aber Deine Ankunft abwarten.

Whymper ist abgezogen, um den Aufstieg von der anderen Seite zu versuchen, ich glaube und hoffe, umsonst.

Giordano spürt Stolz, Erregung und Ehrfurcht. Zugleich ist er beleidigt, weil ihn Carrel nicht zum Sturm auf den Gipfel hat holen lassen. Hatte er es nur eilig? Oder will er den ganzen Ruhm für sich allein, fragt er sich.

22

AM ABEND DES 12. JULI in Zermatt angekommen, sucht Lord Douglas Vater Taugwalder auf. Sie sitzen in der Stube, und Douglas erklärt ihm die Situation: »Carrel ist mit Tournencher Führern auf der anderen Seite des Matterhorns. Hoch oben! Vorerst halten dichte Wolken und Schnee sie auf. Ihr Aufstieg wird sich verzögern. Vielleicht können wir den Italienern zuvorkommen.«

»Vielleicht«, meint Taugwalder lapidar »Es braucht in jedem Fall einen zweiten Führer!«

In diesem Moment kommt Whymper dazu, der vor dem großen, dunklen Holzhaus auf dem Kirchplatz, in dem Taugwalder mit seiner Familie wohnt, gewartet hat.

»Die beiden Herren kennen sich?«, fragt Taugwalder.

»Ja, wir wollen gemeinsam aufs Matterhorn«, sagt Douglas.

»Mit mir als einzigem Führer?« Pause. »Undenkbar!«

»Ich brauche keinen Führer«, sagt Whymper darauf.

»Die Sache ist schwierig«, sagt Taugwalder. »Wenn ein Gast ohne Führer mitgehen will, bin ich trotzdem verantwortlich. Auch für ihn.«

»Ich klettere gern allein.«

»Nicht unter meiner Verantwortung«, unterbricht ihn Taugwalder, wendet sich wieder Douglas zu und fragt dann ungläubig:

»Taugt dieser Engländer als Bergführer?«

»Wir beide sind selbständige Bergsteiger«, beschwichtigt

Douglas. »Zwar nicht Bergführer, aber was macht den Unterschied?«

»Und wer entscheidet am Berg?«, will Taugwalder wissen.

»Wir beide«, sagt Whymper.

»Im Hotel befehlen die Herren, in den Bergen die Führer!«, ist Taugwalders Prämisse.

»Ich will am Berg mitreden«, sagt Whymper.

»Der Führer führt. Er trägt die meiste Verantwortung, also liegen die Entscheidungen bei ihm.«

Taugwalder weiß, dass Whymper einen großen Schnabel hat, auch dass er klettern kann. Aber er will sich nicht von diesem zwanzig Jahre jüngeren Engländer wie ein Träger behandeln lassen.

»Sie sollten sich Ihren eigenen Führer suchen«, ist Taugwalders Resümee.

»Peter ist ein großartiger Entscheider«, beruhigt Lord Douglas. »Ein Bergführer erster Klasse.«

»Ich weiß«, antwortet Whymper, um die Wogen zu glätten.

In dieser Stunde kommt ein weiterer Matterhorn-Anwärter zum Hotel Monte Rosa. Monsieur und Madame Seiler erwarten ihn im Entrée ihres Hotels: Pfarrer Charles Hudson. Sie kennen sich seit elf Jahren, seit seiner Erstbesteigung der Dufourspitze. Ihm, dem englischen Reverend, verdanken sie einen großen Teil ihrer ausländischen Gäste.

Der Reverend bestellt für sich und seinen jungen Begleiter namens Hadow zwei Zimmer, richtet einen Gruß aus: »Mr Kennedy musste leider geschäftlich nach England zurück«, entschuldigt er den Freund, der 1862 im Winter am Matterhorn gescheitert ist.

Unmittelbar danach steigt Hudson mit Hadow zum Hubel auf, gleich hinter dem Hotel, und von dort weiter zum Hochlicht, einer Schafweide, von der sie die bestmögliche Sicht aufs Matterhorn haben. Alles noch vor dem Abendessen.

Inzwischen ist auch Whymper auf dem Weg zum Hotel Monte Rosa und sieht auf der Mauer, auf der die Bergführer sitzen, wenn sie auf Kundschaft warten, einen alten Bekannten. Nicht zu glauben: Da sitzt Michel Croz!

»Dich hätte ich am allerwenigsten in Zermatt vermutet«, sagt Whymper.

»Habe lang und vergeblich in Chamonix auf Herrn Birkbeck gewartet.«

»Ist etwas passiert?«

»Er ist wegen seiner Krankheit zurück nach England.«

»Und dann?«

»Auch Mr Kennedy, der mich anschließend engagiert hatte, musste nach Leeds zurück.«

»Und jetzt?«, fragt Whymper aufgeregt.

»Bin ich mit Mr Hudson hier. Er ist mit seinem Begleiter Mr Hadow dort oben, um das Matterhorn zu sehen. Sie wollen den Hörnli-Grat einsehen«, sagt Croz etwas verschämt.

»Du hast vom Matterhorn doch nichts mehr wissen wollen!«

Croz versucht seine Verlegenheit zu verbergen.

»Schon möglich.«

»Wollen wir die Besteigung jetzt machen, da sie sich machen lässt?«

Croz schmunzelt.

»Und?«, fragt Whymper.

»Ich bin von Hudson engagiert.«

»Wollen denn plötzlich alle auf diesen einen Berg?«

Auch Hudson versteht die Welt nicht mehr, als er Whymper in Zermatt weiß, ausgerechnet der Mann, der ihm die Erstbesteigung der Verte weggeschnappt hat! Er blickt durchs Zimmerfenster aufs Matterhorn, als die Nordwand von der Abendsonne gestreift wird. Den Nordwestgrat rechts davon sieht er als Silhouette, wie eine scharfe Klinge. Wo die Italiener wohl sind? fragt er sich. »Wenn Whymper und der junge schottische Lord morgen mit dem alten Taugwalder zum Hörnli-Grat aufbrechen, habe ich das Nachsehen«, weiß er. »Wieder einmal.«

An diesem Abend kommen sie im Speisezimmer des Monte Rosa zusammen: Lord Douglas, Reverend Hudson mit Hadow und Whymper. Sie haben ein Ziel, aber keine gemeinsame Strategie, keine verbindende Idee. Am liebsten würden sie einzeln mit ihrem jeweiligen Führer losgehen: Douglas mit Taugwalder, Hudson mit Croz. Nur Whymper hat keinen Führer. Nachdem er Almer und Biner entlassen hat und Carrel nicht halten konnte, ist er allein. Bleibt Peter Perren! Könnte er nur herbeigezaubert werden! Perren hat immer wieder die Absicht geäußert, bei der Erstbesteigung des Matterhorns dabei sein zu wollen.

»Peter Perren ist mit Touristen am Monte Rosa«, weiß Seiler.

»Also, warum nicht alle gemeinsam?« Es ist Whymper, der den Vorschlag wagt.

Die Beratung ist kurz. Am nächsten Morgen schon wollen sie aufbrechen: »Hurra, auf zum Matterhorn!«

»Ist Hadow stark genug?«, fragt Whymper noch.
»Warum nicht?«, sagt Hudson.
»Was hat er denn in den Alpen schon gemacht?«
»Mister Hadow hat den Mont Blanc in ungewöhnlich kurzer Zeit bestiegen«, antwortet Hudson stolz.
»Und sonst?«
»Mehrere solcher Aufstiege.«
»Im Fels?«
»Wenig.«
»Genug Erfahrung?«
»Wir können ihn mitnehmen.«
»Unbedenklich?«
»Unbedenklich!«
Hadow wird also dabei sein. Bleibt eine letzte Frage. Sind Croz und der alte Peter als Führer genug? Keiner der vier Engländer stellt es in Zweifel. Sehen sich Whymper, Douglas und Hudson doch selbst als erfahrene Bergsteiger.

»Croz und Taugwalder sollen selbst entscheiden, ob und wie viele Träger sie mitnehmen«, sagt Whymper.

»Einverstanden«, meint Taugwalder später.

Der Entschluss, am Abend des 12. Juli 1865 im Speisesaal des Hotels Monte Rosa in Zermatt besiegelt, lautet: gemeinsamer Aufbruch zur Erstbesteigung des Matterhorns mit zwei Führern und zwei Taugwalder-Söhnen als Träger bis zum Bergfuß. Zeuge: der Hotelier Seiler.

Am 13. Juli holen sie die Seile in der Kapelle am Schwarzsee. Croz und der junge Peter, der zum Führer aufsteigen soll, erkunden die Ostwand. Alle nächtigen am Fuße des Matterhorns. Am 14. Juli früh morgens steigen die sieben Männer in die Wand ein, es geht zügig gipfelwärts.

23

ES IST MITTAG, der 14. Juli 1865. Im Speisesaal des Monte Rosa wird das Dessert serviert – Himbeeren aus den Bergen –, als Monsieur Seiler in den Saal tritt und verkündet: »Meine Herren, sie sind auf der Schulter des Matterhorns. Man sieht sie!« Die Gäste rennen vor das Hotel und starren in die Luft. Dann richten sie ihre Blicke zum Gipfel des Matterhorns. Sie sehen nichts. Nur einer der Bergführer glaubt auf der Schneefläche der Schulter schwarze Punkte zu erkennen, die sich bewegen.

Als die Partie von der Ostseite nach rechts zur nördlichen Flanke quert, kommen sie zur Schlüsselstelle. Dort ändern Croz und Taugwalder die Reihenfolge der Seilschaft. Croz geht jetzt voran, gefolgt von Whymper, Douglas, Taugwalder Sohn, dann Hudson; Hadow und der alte Peter Taugwalder sind die Letzten. Der zweite Taugwalder-Sohn, der die Gruppe nach dem Biwak in Richtung Tal verlassen hat, ist inzwischen nach Zermatt zurückgekehrt. Oben muss sich Whymper immer wieder von Croz über eine steile Passage hinweghelfen lassen.

»Der schwierigste Teil ist vorbei«, sagt Croz, als sie das Gipfelschneefeld erreichen.

»Das Matterhorn gehört uns!«, ruft Whymper.

Sie haben nur noch sechzig Höhenmeter über festen Schnee zu stapfen. Whymper weiß, die Italiener sind vier Tage zuvor von Breuil aufgebrochen. Sind sie schon dagewesen? In Sorge, sie könnten den Gipfel vor ihm erreicht haben, forciert er das Tempo. Croz ebenso. Das Gelände ist mäßig geneigt, wird nach oben hin flacher. Croz bindet sich

vom Seil los, Whymper will es ihm gleichtun, muss sein Seil zu Douglas wohl durchtrennen, um frei zu sein für den Endspurt. Croz und Whymper beginnen ein Wettrennen – Kopf an Kopf – zum Gipfel.

»Keine Fußspuren«, schreit Whymper, der um eine Sekunde schneller ist, als sie ganz oben stehen.

Der Gipfel aber ist eine Gratschneide, fast hundert Meter lang. Liegt der höchste Punkt vielleicht am anderen Ende? Der nördliche Gipfel erscheint zwar ein wenig höher als der südliche, Whymper aber eilt jetzt auch dorthin. Ohne Schwierigkeiten. Dann steht er – ein Stück Seil um die Brust geschlungen – breitbeinig auf dem italienischen Gipfel und schaut ins weite Hochtal von Breuil. Ihm ist, als könne er schweben.

Die Luft ist vollkommen klar, die Täler ohne jeden Dunst, die Berge im Rund mit scharfen Umrissen, wie gezeichnet. Jetzt weiß Whymper: Er ist der Erste! Alles sieht ganz nah aus: Zweitausend Meter unter ihm Sennhütten, aus denen blauer Rauch aufsteigt, schwarze Wälder, Wiesen, Wasserfälle und Seen.

»Hurra! Hurra! Hurra!«, ruft Whymper. Immer wieder »Hurra!«

»Wo sind sie?«, will Croz wissen.

Whymper beugt sich vor, um über die Felsen in den Abgrund spähen zu können. Weiter unten auf dem Grat, er täuscht sich nicht, sind Menschen! »Die Italiener, da unten sind sie«, ruft er. Whymper kann Carrel eindeutig erkennen, wirft die Arme, dann den Hut in die Höhe. »Croz, komm hierher!«

»Wo sind sie denn?«

»Da unten.« Whymper weist zur südlichen Schulter.

»Noch weit unten«, sagt Croz.

»Croz, die Leute müssen uns sehen.«

Beide Männer rufen, schreien, gestikulieren. Die Italiener bleiben stehen, schauen nach oben.

»Croz, sie hören uns.«

Whymper winkt Carrel zu. Unbekümmert rollt Croz einen Felsblock in den Abgrund, Whymper tut dasselbe. Die Italiener suchen Schutz. Dann gehen Croz und Whymper zum nördlichen Ende des Grats zurück, wo die anderen auf sie warten.

»Der Fahnenmast«, sagt Croz und steckt eine Zeltstange in den Schnee.

»Und wo ist die Fahne?«

»Hier«, ruft Croz, zieht seine Windjacke aus und bindet sie an den Stock. Kein Wind.

24

»Hurra, wir haben gesiegt!«, schreien die Leute in Breuil.

»Hurra, die unseren sind oben!«, hört man vor dem Hotel Monte Rosa in Zermatt. Um halb zwei Uhr schon hat das scharfe Auge eines Führer auf dem Gipfelgrat die Silhouette eines Menschen erkennen können. Ein zweiter, dritter folgt.

Mehrere Leute in den Tälern beiderseits des Matterhorns sind inzwischen auf die Punkte auf dem Gipfel aufmerksam geworden. Man sieht sie von Zermatt, von der Riffel, aus dem Valtournenche.

»Sieben«, zählen einige Gäste vor Seilers Hotel. Einzelheiten aber sind auch mit dem Fernglas nicht zu erkennen.

»Alle oben, alle heil hinaufgekommen!« Seiler ist stolz.

Die Silhouetten am Gipfel verschwinden kurz, erscheinen erneut. Die Hotelgesellschaft kehrt in den Speisesaal zurück. Joseph Taugwalder aber steht weiter auf der Straße, verfolgt den Weg seines Vaters und des älteren Bruders mit dem Fernglas. Bis sie absteigen. Nach einiger Zeit glaubt er aufgewirbelten Schneestaub unter ihnen zu sehen.

»Vater, eine Lawine!«, schreit er, als müsse er ihn warnen.

Seiler kommt auf die Straße gelaufen. Beide schauen besorgt zur Nordwand. Sie liegt im Schatten, man sieht keine Details, nichts.

»An heißen Sommertagen ist das oft so«, tröstet Seiler den Taugwalder-Buben.

»Die Erstbesteiger sind im Abstieg«, verkündet Seiler, zurück im Hotel.

25

Breuil, den 15. Juli

Lieber Quintino!

Gestern war ein übler Tag. Nicht unsere Leute, die Engländer waren oben! Whymper hat sich durchgesetzt – gegen den unglücklichen Carrel.

Wie ich Dir schrieb, hat Whymper in seiner Verzweiflung, als er Carrel den Aufstieg beginnen sah, den Gipfel von der Zermatter Seite angegangen. Alle unsere Leute aber hielten den Aufstieg dort für absolut unmöglich. Vor allem Carrel. Whymper beunruhigte mich also nicht. Am 11. arbeitete Carrel auf dem Berg, und die Männer blieben auf einer gewissen Höhe, biwakierten. In der Nacht vom 11. auf den 12. und den ganzen 12. schneite es unaufhörlich. Schreckliches Wetter, das Matterhorn in Eis und Schnee gepackt. Am 13. gutes Wetter, und gestern, am 14., war es exzellent. Am 13. wurde gewartet, ein wenig gearbeitet. Gestern hätte Carrel auf dem Gipfel sein können! Er war auch nahe dran – nur 150 bis 200 Meter fehlten –, als er, gegen zwei Uhr nachmittags – Whymper mit sechs anderen Männern auf dem Gipfel sieht. Ganz unerwartet!

Whymper muss mehreren Schweizer Führern eine bedeutende Summe versprochen haben, wenn sie den Mut aufbrächten, ihn hinaufzubringen. Und nur, weil er einen außergewöhnlich guten Tag erwischte, ist es ihm gelungen. Mehr wissen wir nicht vom Erfolg des Engländers. Noch nicht. Ich hatte Carrel benachrichtigen lassen über den Versuch Whympers. Heißt, er soll um jeden Preis zum Gipfel. Ohne Zeit zu verlieren, den Weg gangbar machen und ganz hinauf, auch ohne uns! Dieser Befehl erreichte Carrel nicht rechtzeitig. Übrigens hätte ihn eine solche Nachricht auch nicht beunruhigt: Carrel hielt und hält einen Aufstieg von Nordosten für ausgeschlossen.

Gestern, als ich Leute auf dem Matterhorn sah und wir alle sicher waren, dass es die unsrigen sind, habe ich Dir das

Telegramm geschickt, dass Du kommen möchtest. Jetzt ist es zu spät!

Der arme Carrel war so bestürzt, als er sah, dass ihm Whymper zuvorgekommen ist, dass er alle Arbeit abgebrochen hat und abgestiegen ist. Mit den Geräten und allem Gepäck! Heute Morgen traf er hier ein, niedergeschlagen, todmüde, aber nicht wütend. Ich sende Dir gleichzeitig mit diesem Brief einen Expressboten mit einem Telegramm, dass Du bleiben sollst. Es war, wie Du siehst, eine verlorene Schlacht. Obwohl alle ihr Bestes gaben. Auch ich bin auf das Schmerzlichste betroffen. Ich glaube aber, dass sich die Scharte auswetzen lässt, nämlich wenn jemand den Aufstieg über unsere Seite schafft. Womit bewiesen wäre, dass es auch von Italien aus möglich ist, den

Gipfel zu erreichen. Carrel ist enttäuscht und zuversichtlich zugleich, er hält an der Hoffnung fest, seinen Weg zu beenden. Ich habe ihm Vorwürfe gemacht, weil er mit aller Ausrüstung – Zelt und Seile –, die mit großer Mühe bis fast auf die Spitze getragen worden ist, wieder herunterkam. Er gibt seinen Leuten die Schuld, die allen Mut verloren haben, und glaubt wohl, ich würde nichts mehr dafür geben, den Gipfel nach Whymper noch erreichen zu wollen.

Wir müssen, glaube ich, wenn wir zum Schaden nicht auch noch den Spott haben wollen, jetzt wenigstens unsere Fahne auf den Gipfel tragen. Ich wollte gleich eine neue Expedition organisieren, bis jetzt aber fand sich, mit Ausnahme von Carrel, niemand, dem ich vertrauen kann und der den Mut hat, die Risiken dabei einzugehen. Vielleicht würden sich etliche Männer bereitfinden, wenn man das Geld nicht ansieht, zu allzu großen Ausgaben aber will ich nicht raten. Und wenn der Mut fehlt, ist der Erfolg am Matterhorn nie sicher.

Ich will noch einmal versuchen – mit geringem Kostenaufwand diesmal –, eine Expedition auf die Beine zu stellen. Gelingt es mir nicht, verzichte ich eben. Auch ohne die Genugtuung, selbst hinaufzukommen – Carrel will mich nicht mitnehmen –, setze ich mich für ihn ein. Er sagt, um die wenige Zeit nutzen zu können, darf kein Tourist dabei sein. Das Wetter kann oben ja in jedem Augenblick umschlagen.

Du siehst, hier ist alles durcheinandergekommen! Gestern war das Tournenchetal in Feststimmung, heute ist Trauertag. Gestern Jubelrufe, weil alle annahmen, die Unseren haben gesiegt, heute die Enttäuschung.

Der arme Carrel! Er ist zu bedauern! Nach all seinen

Versuchen ist er zum Opfer enttäuschter Sehnsucht geworden. Er war felsenfest davon überzeugt, Whymper könne von Zermatt aus nicht aufs Matterhorn. Nicht ohne ihn! Diese Fehleinschätzung hat zwar nicht zur Verzögerung der Unseren beigetragen – nicht im Geringsten –, Carrel zuletzt aber das Herz gebrochen. Die Sache zwischen den beiden und dem Matterhorn war eine Sache der Liebe. Ich meinerseits versuche es nun so zu machen wie Terentius Varro nach der Schlacht von Cannae.

PS Trotz allem, wenn Du willst, kannst Du den Aufstieg über die italienische Seite immer noch als Erster machen. Wenn Du nur Zeit dafür hättest! Carrel kann allerdings nicht garantieren, bis zum Gipfel zu kommen. Aber wer, wenn nicht er! Vielleicht aber bin ich in zwei Tagen schon in Turin.

Die Punkte, ein Grüppchen Menschen, die von der italienischen Seite des Matterhorns auf dem Gipfel gesehen wurden, waren also die Leute um Whymper. Weitere Informationen gibt es in Breuil dazu vorerst nicht. Nur dies: Als Carrel die Hurrarufe von Whymper und Croz hört, ist er mit seinen Leuten auf der Schulter, nicht weit vom Tyndall-Steinmann entfernt. Croz ruft, als er die Italiener vom Gipfel aus unter sich sieht: »Ah! Les coquins, ils sont loin en bas!« Dann Gepolter von Steinen, die Croz in den Abgrund wirft, um die Italiener auf sich aufmerksam zu machen. Als Carrel hinaufschaut, erkennt er Whymper an seinen weißen *pantalons*.

Am Gipfeltag der Engländer, dem 14. Juli, konnte Carrel

den Aufstieg nicht fortsetzen, weil seine Leute zögerten. Sie waren unsicher. Carrel und Maquinaz hätten weitergehen können, die anderen aber hielten es für zwecklos. Und weil Carrel, wie immer, alle sicher vom Berg wieder ins Tal bringen will, wird umgekehrt. Als er Whymper auf der Spitze gestikulieren sieht, hat er mit seinen Leuten den Abstieg schon begonnen. Whymper sieht die Situation anders: Carrel, der verloren hat, zieht sich zurück. Er verlässt den Berg fluchtartig.

»Abstieg!«

Auch im Valtournenche wird das Zurück Carrels als Flucht kritisiert. Hinter vorgehaltener Hand kommentiert, diskutiert und belächelt. Seine Leistung – wie viele Versuche hat er ohne Unfall zu Ende gebracht – ist jetzt nichts mehr wert. Nur Giordano widerspricht. Der Spott trifft auch ihn, obwohl ihm Carrel die Besteigung nicht zugetraut hat.

Wie konnte Carrel, dem die anderen blindlings gehorchen, so knapp unter dem Gipfel aufgeben?, fragen sich seine Landsleute. Hat er angesichts Whympers auf der Spitze den Mut verloren? Oder ist er nie in der Lage gewesen, das Matterhorn zu besteigen?

Wie ehrenvoll es auch immer gewesen wäre weiterzumachen, um die Spitze wenige Stunden nach seinem Rivalen zu erreichen – Carrel riskierte nie zu viel. Als steckten Sorge und Verantwortungsgefühl für seine Leute in seinen Genen. Was er erträumt hatte, war die erste Besteigung seines Berges und sonst nichts. Und dafür war es jetzt zu spät. Ehre, wem Ehre gebührt. Die Besessenheit des Engländers war stärker als die seine, das Glück auf Whympers Seite.

Für eine zweite Besteigung ist Carrel vorerst nicht zu haben. Für die erste hat er fast zehn Jahre seines Lebens gegeben, Verantwortung aber bedeutet ihm mehr als die Verpflichtung Sella und Giordano gegenüber, die den italienischen Nationalstolz mit einem banalen »Sieg« füttern wollten. Carrel ist zwar Patriot, am Berg aber keiner Fahne verpflichtet. Wie Whymper. Aber nicht Demut, sondern Geltungssucht hat triumphiert.

Die Matterhorn-Besteigung von der italienischen Seite kommt für ihn auch deshalb nicht mehr in Frage, weil er sie Giordano und Sella nicht zu Füßen legen will. Diese Art Dienstleistung entspricht nicht seinem Naturell. Auch ob sein eigener Weg mühevoller ist als der des Engländers, ist nicht sein Problem. Es ist die erste Besteigung, die ihm genommen worden ist!

»Wie kann Carrel seine Pflicht vergessen?«, aber fragen die Untengebliebenen.

»Welche Pflicht?«, fragt er.

»Für Italien zu siegen!«

Carrel wird auf diese Fragen nie antworten.

26

NIEDERGESCHLAGEN VERBIRGT SICH CARREL nach dem Abstieg in seiner Hütte in Avouil. Erst am folgenden Tag kommt er zu Giordano. *Ein böser Tag*, schreibt Giordano am 15. Juli in sein Tagebuch: *Zeitig am Morgen kam Carrel, halbtot, um mir zu melden, was geschehen ist; er hat wohl damit gerechnet, heute bis zur Spitze zu kommen. Nicht über den letzten Turm, den er frontal für unpassierbar hält, wohl aber über einen Umweg an der Zmutter Seite, wo Schnee liegt. Nach Whympers Sieg aber hat er kapituliert. Ich habe darauf bestanden, dass er mit einigen anderen nochmals aufsteigt, um wenigstens unsere Flagge aufzupflanzen.*

Giordano versucht alles, um aus der Niederlage noch einen italienischen Sieg zu machen. Carrel – nicht sicher, ob der letzte Aufschwung vor dem Gipfel zu umgehen ist – zögert zuerst, und dann verweigern sich alle seine Leute.

»Ich habe viel Geld und Zeit aufgebraucht, um als Erster auf dem Gipfel zu sein«, sagt Giordano.

Keine Antwort.

»Dieses Ziel ist jetzt verloren, aber es geht auch um Euch. Um die Ehre und die Interessen der Valtournencher Führer!«

Die Antwort bleibt Nein. Dann trägt sich Amé Gorret, der Pfarrer, als Carrels Begleiter an. Der einstige Seminarist ist entschlossen, Carrels Gipfelgang zu sichern. Damit erst sieht sich dieser in der Pflicht. Acht Jahre zuvor haben sie den ersten gemeinsamen Versuch gewagt, das Matterhorn zu besteigen. Jetzt tun sie sich wieder zusammen, um ihren alten Plan zu Ende zu bringen. Zwei Knechte des Wirtes Favre – Jean-Augustin Meynet und Jean-Baptiste Bich – sowie zwei Träger kommen dazu. Auch Giordano will mitkommen, unbedingt. Carrel aber verweigert ihm den Aufstieg erneut.

»Ein Fremder«, sagt er, »ist für den Erfolg und das Überleben meiner Leute ein Risiko mehr.«

»Ich kann tragen helfen.« Giordano fleht ihn fast an.

»Das Überleben aller Teilnehmer sicherzustellen ist eine Last, die mir niemand abnehmen kann.«

»Einen Teil davon kann ich übernehmen.«

»Nein, ich allein trage die Verantwortung.«

Giordano will es schriftlich. Um später Beweise zu haben, seine Ehre zu retten. Carrel verweigert die Unterschrift.

Eine böse fiebrige Nacht, alle Bitternis der Enttäuschung durchgekostet. Nur eine einzige barometrische Beobachtung gemacht, schreibt Giordano am anderen Morgen in sein Tagebuch.

Es ist ein Sonntag, der 16. Juli 1865. Es sieht aus wie eine Verschwörung: In der kleinen Kirche drängen sich die Bewohner von Breuil zur Frühmesse. Nach dem Kirchgang erst steigt Carrel mit seiner Gruppe bergwärts. Giordano bleibt allein in Giomein zurück.

Ich bringe ein schweres Opfer – warte am Fuße des Berges, statt ihn zu besteigen, schreibt er in einem weiteren Brief an Sella. *Noch immer verschmäht von Carrel. Ich versichere Dir, dass mir das schmerzlicher ist als alles Traurige in meinem bisherigen Leben.*

Um zwei Uhr mittags erreichen Carrel und seine Leute das Biwak am Fuße des Großen Turms. Amé Gorret ist voller Enthusiasmus. Was für eine Aussicht! Am folgenden Morgen stehen sie bei Tyndalls Steinmann auf der Schulter. Gorret schlägt vor, geradewegs über die Steilwand des Gipfelturms zu klettern.

»Irrsinn«, sagt Carrel, kann er das Gelände doch besser einschätzen als der Priester. »Nur wenn wir den senkrech-

ten Pfeiler westlich umgehen und zum Zmutt-Grat kommen, gibt es eine Hoffung.«

»Du hast das Kommando.«

Als sie über ein steiles Band nach links queren, um den Zmutt-Grat zu erreichen, fallen Eisstücke aus der Gipfelwand.

»Aufpassen!«, schreit Carrel.

Schon ist Gorret von einem herabfallenden Stein am Arm getroffen. Carrel zögert. Nur kurz. Soll er es doch lieber direkt versuchen? Ohne Leitern, ohne Holzstangen?

»Unmöglich«, sagt er zu sich selbst.

Der Weg zurück zum Grat von Breuil ist schwirig, das gefährlichste Stück der ganzen Tour. Gibt es eine Alternative? Carrel legt den Kopf in den Nacken und schaut nach oben. Ist da das Gesicht eines Ungeheuers – dreißig Meter hoch, in den Fels gekerbt –, ein Affengesicht, das skeptisch auf ihn herabsieht? Rechts der Nase erkennt er eine Aufstiegsmöglichkeit: Über den Überhang in die rechte Augenhöhle, dann nach links queren und über die linke Augenbraue weiter zum Gipfel, sagt er sich. Es wäre eine mögliche Route, aber viel zu steil! In den Wolken sieht er dunkle lange Haare mit blonden Strähnen. Carrel schüttelt sich. Sieht er Geister? Ist er dabei, verrückt zu werden?

Wieder stehen sie an der Basis des letzten Turms: Ein tiefer Einschnitt, den er vorher nicht bemerkt hat, trennt die Viererseilschaft von diesem letzten Aufschwung.

»Wenn wir alle vier in diese Scharte absteigen, ist der Rückweg abgeschnitten«, sagt Carrel.

»Zwei von uns müssen zurückbleiben«, empfiehlt Gorret.

»Den Rückweg sichern.«

»Ich bin bereit«, sagt Gorret.

Carrel und Bich lassen sich ab, queren anschließend über ein Band zum Grat nach links, verschwinden für die Abwartenden hinter der Kante des Zmutt-Grates und stehen wenig später auf dem Gipfel. Die »Fahne« der Engländer ist noch da. Für Gorret ist das Ganze wie ein Spuk. Beim Rückweg folgen die Gipfelbesteiger Felsbändern an der nordwestlichen Seite. An der Stelle, wo die Schulter zum Gipfel hin ausläuft, kommen sie zum Aufstiegsweg zurück.

Giordano sieht dem Gipfelgang von Giomein aus zu. Bei allerschönstem Wetter. Er weiß, der »Sieg« ist nur dem Geniestreich Carrels zu verdanken. In sein Tagebuch schreibt er: *Der Gipfel stark umwölkt. Gegen 3½ lichtet sich der Nebel, wir sehen unsre Fahne auf der Westspitze des Matterhorns. Die englische sieht jetzt wie ein schwarzes Tuch aus. Mitten im Schnee.* Giordano skizziert den Gipfel mit den beiden Fahnen und schreibt »*Italia!*« neben die eigene.

Am folgenden Tag um die Mittagszeit kommen die Männer zurück – wohlbehalten, aber nicht wie Sieger. Nicht auszudenken, wenn einer am Berg geblieben wäre! In Giomein sind Flaggen zu sehen. Trotzdem, Carrel ist unglücklich, seine Ankunft im Tal ein schaler Triumph. Er weiß, er wäre vor Whymper oben gewesen, wenn er nur an sich gedacht hätte. Die Verantwortung für andere hat ihn zuletzt den Sieg gekostet.

Großer Jubel, den ganzen Tag über, vermerkt Giordano im Tagebuch, *Feuerwerk und Gesang. Nur ich kann nicht in die allgemeine Heiterkeit einstimmen; habe ich das Matterhorn doch nicht bestiegen, nicht besteigen dürfen!*

In Valtournenche wird bis tief in die Nacht gefeiert. Bei

Tanz und Wein. Carrel und Giordano aber meiden den Trubel. Der eine, weil er verloren hat, der andere, weil er abreist. Dringende Geschäfte rufen Giordano zurück nach Turin, wo er kurz noch an Sella schreibt: »*Ich möchte Dir nur noch sagen, dass es auch jetzt höchst ehrenvoll ist, das Matterhorn zu besteigen. Wenn Du willst – Du wärst der erste Monsieur, der es über die italienische Seite schafft –, ich jedenfalls stehe bereit.*«

Quintino Sella kommt nicht nach Breuil, um das Matterhorn zu besteigen. Dringende Amtsgeschäfte halten ihn ab. Am 20. Juli übersiedelt er in die neue Hauptstadt Florenz und arbeitet eine Vorlage für die Mehlsteuer aus, die ihn in Italien bekannt und unpopulär zugleich machen wird.

27

Niedergeschlagen kehrt Giordano zurück nach Turin. Dort erst erfährt er vom Unglück auf der anderen Seite des Berges. Vor allem wird ihm eins bewusst: Das schweizerische Matterhorn hat den italienischen Monte Cervino in der öffentlichen Wahrnehmung verdrängt. Endgültig und für immer. Nicht etwa, weil die Engländer die Spitze über die Schweizer Seite drei Tage vor den Italienern erreicht haben, nein, nur weil der Unfall beim Abstieg zum weltweiten Skandal geworden ist. Zermatt ist damit über Nacht zum berühmtesten Ort der Alpen geworden. Das Valtournenche soll in seiner Weltabgeschiedenheit ein vergessenes Tal bleiben. Wäre es umgekehrt, wenn Carrel vor Whymper am

Gipfel gestanden hätte? Nein, denn nicht der Dandy hat über den Älpler gesiegt, sondern das Unglück über den Erfolg, der Skandal über das Genie.

Die Tragödie beschert Zermatt einen touristischen Aufschwung ohnegleichen. Im Valtournenche hingegen ist mit Whympers Erfolg nur der Neid gewachsen, nicht die Zahl der Touristen. Sie loben zwar die gute Verpflegung und Gastfreundschaft in Favres 1856 eröffneten Gasthof auf den Almen von Giomein, es kommen aber immer weniger von ihnen. Obwohl das Matterhorn hier auf Schritt und Tritt zu greifen ist. Von hier aus sind Whymper und Tyndall gestartet, hier wurde die erfolgreiche italienische Expedition vorbereitet. Auf der anderen Seite aber liefert eine Ungeheuerlichkeit jetzt unerschöpflichen Gesprächsstoff: das Zermatter Matterhorn mit all seiner Schönheit und all seinen Schrecken! Nicht nur die Zermatter »Burger«, auch die Touristen und Bergsteiger betrachten dieses Matterhorn jetzt als Schauplatz einer berühmten Tragödie und damit als ihr Eigentum. Alle dürfen sie dabei sein: beim glorreichen Gipfelsieg, beim erschütternden Absturz, bei der Schuldfrage. Ist dieses Matterhorn doch von überall – aus der Mitte des Ortes, aus dem Hotelfenster, vom Wanderweg aus – zu sehen, ja, zu greifen und die Tragödie damit zu begreifen. Die Bergung der Toten und deren Bestattung stürzt ein ganzes Tal in Trauer. Zermatt weint und nimmt gleichzeitig einen unvergleichlichen Aufschwung.

Als das Breithorn, der erste bedeutende Berg im Umfeld von Zermatt, bestiegen wurde, interessierte das kaum jemanden. 1851 waren die Brüder Schlagintweit drei Tage lang auf dem Theoduljoch, um ihre geologischen und meteorologischen Studien zu machen, und kein Tourist kümmerte sich um sie. Seit Mitte Juli 1865 – Whymper ist bald schon zurück in England – ist das Matterhorn der berühmteste Berg der Welt.

Whymper spricht von Schicksal. Als wäre alles weniger Zufall als Bestimmung, die Geschehnisse in den Tagen vor seinem Gipfelgang Glieder einer verhängnisvollen Kette von Umständen, die zu keiner anderen Geschichte passen würden.

Die schwarze Fahne, die Giordano im Gipfelschnee gesehen hat, war kein Zeichen der Trauer, sondern nur ein Stück Stoff, die Jacke von Croz.

Vier Leute von Whympers Partie sind abgestürzt, erfährt Carrel in Breuil. Beim Abstieg. Auch der junge Lord Douglas, mit dem Whymper nach Zermatt gewechselt ist. Und Michel Croz, der berühmte Bergführer aus Chamonix, mit dem Whymper den Aufstieg gewagt hat.

Von Charles Hudson und Douglas Hadow weiß man in Breuil vorerst nichts. Nur, dass sich vier Herren, die einander fremd waren, zusammengetan haben, um die schwierigste Erstbesteigung in den Alpen zu meistern. Mit nur drei Führern!

Carrel ist betroffen. Als hätte ihn der Unfall selbst getroffen. Er fühlt sich mitverantwortlich. Da ist keine Schadenfreude, wie man in Breuil annimmt. Mitgefühl quält ihn, vor allem Trauer um Croz. Auch für Whymper empfindet Carrel mehr Respekt als Wut. Er habe kein Recht, über den Engländer zu urteilen, ist seine Antwort auf die Frage, was dieser falsch gemacht hat. Er wird auch in der Beurteilung dieses Unfalls immer wieder aus dem Rahmen fallen.

»Whymper ist ein Hasardeur«, schimpft Gorret.

»Nein, er hat gewonnen, aber auch ich hatte meine Chance«, antwortet Carrel.

»Aber die Sicherheit deiner Leute war dir wichtiger als der Sieg«, weiß Gorret.

»Wir hatten auch Glück.«

»Und er nur Pech?«

»Whymper hat den Erfolg und die schlimmstmöglichen Folgen zu tragen.«

Carrel weiß, dass auch ihn eine solche Katastrophe hätte treffen können. Nur deshalb hat er Giordano nicht mitgenommen. Er hat es nicht verantworten wollen. Sicherheit am Berg will erarbeitet sein, und er hat es ein Leben lang abgelehnt, sich die Verantwortung für ein Trinkgeld abkaufen zu lassen. Selbstverantwortetes Risiko ja, geborgter Wagemut dank Bergführer nein. Wie Whymper hat auch Carrel seine Vorstellung von Selbstvergessenheit am Berg, aber ein völlig anderes Verständnis von Verantwortung.

Erst nach und nach sickern weitere Nachrichten zum Unfall über den Theodulpass nach Breuil: »Nur drei von sieben haben überlebt!«

War alles Zufall?, fragt sich Carrel: seine Verpflichtung Giordano und Sella gegenüber, seine Absage an Whymper. Oder Schicksal? Die Engländer haben das Matterhorn anscheinend ohne Probleme bestiegen und auf dem Gipfel dann die dunkle Jacke von Croz flattern lassen. Beim Abstieg – alle in eine Seilschaft eingebunden – rutscht Hadow aus, fällt auf Croz, der vorausklettert, um die Füße des Neunzehnjährigen auf sichere Tritte zu setzen. Beide verlieren das Gleichgewicht, fallen nach hinten aus der Wand, stürzen und reißen im Fallen Hudson und Douglas mit. Carrel kann sich jeden Augenblick dieser Unglückskette vorstellen. Jeden Augenblick! Seine Bilder im Kopf sind klarer als Whympers Erinnerung. Wahrscheinlich auch seine Schrecken.

Warum aber kletterte Croz als stärkster Führer im Abstieg voraus?, fragt sich Carrel. Whymper und die beiden Taugwalders konnten vier gleichzeitig Stürzende in der oberen Matterhorn-Nordflanke doch unmöglich halten!

Beim Schrei, den Croz im Fallen ausstößt, klammern sich die anderen instinktiv an die Felsen. Trotzdem ist der Ruck so stark, dass sie keine Überlebenschance haben, weiß Carrel, wenn das Seil nicht verankert ist.

Warum aber hat der Ruck die hinteren drei nicht mitgerissen?

Nur weil das Seil zwischen ihnen reißt! Whymper sieht sie – Croz mit den Armen rudernd, nach einem Halt greifen, von Felsen zu Felsen stürzen –, im Abgrund verschwinden. Alle vier unter Vater Taugwalder sind plötzlich weg, abgestürzt, im Abgrund verschwunden. Diesen Augenblick stellt sich Carrel immer wieder vor: als Absturz des Himmels. Carrel weiß, was die Überlebenden durchgemacht haben. Er trauert um Croz, leidet mit den Taugwalders, mit Whymper. Ein Erfolg, der in einer entsetzlichen Katastrophe endet, ist die schlimmste aller Niederlagen. Seine eigene Besteigung erscheint ihm jetzt als unverdientes Glück.

Die Leiche des jungen Lord Douglas sei nicht gefunden worden, wird erzählt. Ob der Körper in den Felsen hängengeblieben ist? Carrel will sich den Lord als abgestürzten, zerschlagenen Körper nicht vorstellen. Liegt er vielleicht in einer Spalte am Fuße des Berges, im Matterhorngletscher? Wann und wo wurden die anderen drei beigesetzt?

Auf dem Zermatter Friedhof, ist zu erfahren.

Die Katastrophe vom Matterhorn ist inzwischen sogar in London Tagesgespräch: Kinder hören die Geschichte am Frühstückstisch, Damen im Friseursalon, die Männer im Club. Entsetzen geht durch Europa: Das Matterhorn bewegt alle, erstmals ergreifen Nichtbergsteiger Partei. Das Für und Wider solcher Erstbesteigungen wird in Pubs und Clubs heftig diskutiert: emotional, anklagend, kopfschüttelnd. Vor allem englische Blätter erheben Vorwürfe. Italienische Zeitungen hingegen berichten von einem Felsblock, der die Unglücklichen in den Abgrund gerissen habe, von einem Spalt, einem fürchterlichen Schlund, der sie zuletzt verschlungen hat. Einem deutschsprachigen Schönschreiber gelingt es, in einem Zeitungsartikel die Unterstellung unterzubringen, Whymper habe das Seil zwischen Douglas und Taugwalder durchgeschnitten, um sein eigenes Leben zu retten. Die Nachricht verbreitet sich zuerst von Redaktion zu Redaktion, dann von Mund zu Mund.

Die abergläubischen Älpler rätseln nicht, für sie steht fest: Diese Expedition wurde ohne den Segen der Kirche unternommen. An einem 13. begonnen und die Spitze an einem Freitag erreicht! Die Älteren in Zermatt glauben sogar, das Unglück sei ein Fingerzeig Gottes, das ganze Dorf werde bald mit in den Orkus gerissen.

Auf der italienischen Seite des Berges, wo viele gewillt sind, die schweren Anschuldigungen gegen Whymper zu beklatschen, wird Carrel zuerst rehabilitiert.

»Ist nicht der Unsere der Held?«

»Whymper muss zur Verantwortung gezogen werden!«

Whymper, auf der anderen Seite des Berges, rechtfertigt sich nicht. Sein mündlicher Bericht über den Unfall muss als Klarstellung reichen. Auch die beiden Taugwalders, Vater und Sohn, berichten gleichlautend vom Unfall. Für Carrel ist alles klar, was die drei erzählen, ist für ihn schlüssig.

Carrel, immer noch bestürzt über die traurigen Ereignisse, fragt sich im Stillen, wie Whymper, der das Matterhorn sogar allein besteigen wollte, drei weitere Touristen in seiner Partie akzeptieren konnte. Vom Zufall zusammengewürfelt noch dazu. Mit einem jungen Mann ohne Erfahrung im Fels. Dieser Hadow, denkt er, ist erstmals in den Alpen und muss gleich aufs Matterhorn! Für den Einheimischen klingt das Unglück nicht nach antiker Tragödie, auch nicht nach Fatum. Vielleicht hat die Leidenschaft beim Aufstieg,

der Jubel des Triumphs die Männer verwirrt? Oder kam es zu alldem nur, weil es Whympers letzte Chance war? Er konnte die Schwierigkeiten des Aufstiegs doch abschätzen! Dennoch stellte er sich an die Spitze einer Gesellschaft, in der auf vier Touristen zwei Führer und ein Träger kamen! Es ist das Verantwortungsgefühl, das Carrel bei Whymper vermisst. Aber nichts ist rückgängig zu machen!

Im Gegensatz dazu Carrel: Er hat sein Ziel dort erreicht, wo die stärksten englischen Alpinisten gescheitert sind. Niemand interessiert sich noch dafür. Außer Giordano, Kanonikus Carrel, Quintino Sella und dessen Freundeskreis, die wenigen Mitglieder des Club Alpino.

»Das muss sich ändern«, sagt Giordano.

Während in Zermatt noch getrauert wird, beschließt der Club Alpino, an den schwierigsten Stellen des Lion-Grates Seile anbringen zu lassen und hoch oben am Berg eine Schutzhütte zu errichten, in der übernachtet werden kann. Alles, um den Aufstieg zu erleichtern. Eine Subskription »für die Aushöhlung einer Grotte« wird gestartet, einen ersten Unterschlupf an der »Cravate«, wo in mehr als viertausend Meter Höhe vorspringende Felsen einen natürlichen Schutz bieten. Sprengungen und Trockenmauern sind vorgesehen. Das einst unbezwingbare Matterhorn soll gezähmt werden.

»Carrels Weg ist viel zu schwierig für Touristen«, weiß Giordano. »Also gilt es nachzuhelfen, den Weg zu präparieren für Sonntagsbergsteiger.«

Die Engländer seien über weite Strecken unangeseilt aufgestiegen, erfährt Carrel. Hudson und Whymper voraus: Teils an der Ostflanke, dann am Hörnli-Grat, der gegen Zermatt zeigt. Weit oben erst seilten sie sich an, querten in die Nordseite. Und Whymper notiert: *Auf dem größten Teil des Weges ist das Seil nicht nötig.*

Die Zermatter »Burger« reagieren auf Whympers Erfolg zuerst mit Euphorie, dann mit Neugier und zuletzt mit Zweifeln. In ihren Augen ist der Sieg gleichzeitig eine Niederlage. Vielleicht sogar eine Schande für das Tal! Nur die Gastwirte sehen es anders. Als wüssten sie um die Macht der Medien und den Hunger der Massen nach Schreckensnachrichten.

»Vorteil Zermatt«, sagt sich auch Carrel.

Bruchstückhaft dringen weitere Berichte von Zermatt nach Breuil: Whymper sei am 12. Juli nach einem Streit mit

Carrel nach Zermatt gekommen, habe den alten Peter gewonnen und ihn gebeten, einen zweiten Führer zu wählen. Zurück im Monte-Rosa-Hotel, sitzt Michel Croz vor dem Haus. Er sei einem geistlichen Herrn namens Charles Hudson verpflichtet und nach Zermatt gekommen, um das Matterhorn zu besteigen. Wie Lord Francis Douglas auch, mit dem Whymper den Theodul von Breuil her gequert hat. Im Monte-Rosa-Hotel treffen alle vier aufeinander: Hudson und sein Freund Hadow, Douglas und Whymper.

Während in Valtournenche immer noch Jubel herrscht, weil die italienische Flagge auf dem Gipfel des Matterhorns im Wind steht, verbreitet sich in Zermatt die Nachricht über die Katastrophe beim Abstieg. Nicht die Erstbesteigung, der Absturz ist Tagesgespräch, das Bergsteigen plötzlich in der Kritik. Erstmals. In Zermatt herrschen Trauer, Wut und Verzweiflung zugleich. In Breuil Ratlosigkeit.

Am Südgipfel sehen Carrel und Bich am 17. Juli die Spuren Whympers vom 14. Juli. Vom Unfall beim Abstieg wissen sie noch nichts. Erst in Breuil, am 18. Juli, hören sie von der Katastrophe. Die Nachrichten aus Zermatt aber bleiben konfus.

Immer wieder denkt Carrel an Whymper, dem er jetzt nicht beistehen kann. Ahnt er doch, wie dieser über den Sieg in die Verzweiflung gestürzt sein muss. Als spiele das Schicksal ein böses Spiel mit ihm. Und ist nicht er selbst ein Teil davon? Noch nachts im Traum verfolgen ihn Bilder aus den vergangenen Tagen. Als wären Whympers Schrecken auch die seinen: »Wie kann er damit leben!«

28

»An der Schweizer Seite ist die Gran Becca der reine Horror«, sagt der Priester Gorret.

»Die nördliche Seite des Matterhorns muss furchtbar gefährlich sein«, folgern die Leute in Breuil.

»Der Weg von Breuil aus ist also der bessere«, sagt einer im Gasthaus.

»Ist Whymper schuld, weil er übereilt aufgebrochen ist?«, fragt man Carrel.

»Nein, das ist es nicht«, antwortet dieser ausweichend. »Es gibt viele Gründe für den Unfall.«

»Sag uns einen.«

»Zu viele Herren und zu wenige Führer.«

»Aber du hattest oft auch mehrere Leute am Seil.«

»Meine Leute sind im Gebirge geboren, klettern, wie sie gehen. Vor allem aber lassen sie mich entscheiden.« Mehr sagt Carrel nicht.

In Zermatt erzählen die beiden Taugwalder, Whymper habe unter Schock gestanden und nur, weil das Seil riss, sei er, seien sie am Leben geblieben.

»Der Berg hat Rache genommen«, sagen die Leute im Dorf.

Als Whymper in Zermatt zurück war, erzählt man, begegnete er Seiler an der Tür seines Gasthofs. Dieser folgte ihm schweigend aufs Zimmer: »Was ist geschehen?«

»Die Taugwalders und ich sind zurück«, sagte Whymper nur und brach in Tränen aus. Es war nicht möglich, mit ihm zu sprechen. Und weil er auch Tage später weiter nichts dazu sagt, erscheint vielen sein Abstieg wie eine Heldentat.

»Er allein hat es geschafft!«, sagen die Leute. »Die anderen drei Engländer sind tot.«

Wie hat es dieser tapfere Whymper nur fertiggebracht, seine verunsicherten Führer bis zum Fuß des gewaltigen Berges zu retten?, fragt man sich auch in Zermatt.

Inzwischen zirkulieren sogar Gerüchte, die beiden Taugwalders seien nach dem Absturz wie gelähmt gewesen.

»Und dieser junge Kerl führt sie über den Hörnli-Grat zu den Sennhütten von Bühl! Und weiter nach Zermatt?«

»Er, der einzige der vier Engländer, der zurückgekommen ist.«

Vor seiner Abreise bezahlt Whymper die Taugwalder. Vater Taugwalder erhält hundert Franken, dazu ein Trinkgeld von zwanzig, Sohn Peter bekommt achtzig Franken, Joseph, der als Träger bis zum Biwak mitgekommen ist, zwanzig. Für seinen Weg von Zermatt über den Theodulpass und zurück gibt ihm Whymper fünfzehn Franken dazu.

Die Schreckensnachricht, die Verunglückten lägen auf dem Matterhorngletscher, verbreitete sich schneller als der Gipfelsieg.

»Vom gegenüberliegenden Talhang aus sind die Toten zu sehen«, wissen die Leute in Zermatt.

Von Whymper aber ist vorerst nichts zu hören oder zu sehen. Er hat sich in seinem Zimmer im Monte Rosa eingeschlossen und verweigert jede Aussage. Die im Tal anwesenden Bergführer sollen nach den Abgestürzten Ausschau halten. Whymper bittet sogar darum.

Whymper und der evangelische Pfarrer McCormick aus Visp beschließen inzwischen stillschweigend ihren Bergungsplan: In der Nacht zum Sonntag wollen sie mit einigen Führern aufbrechen, vom Hörnli-Grat zum Matterhorngletscher traversieren und nach den Toten sehen. Der Dorfpfarrer aber, Hochwürden Joseph Ruden, durchkreuzt dieses Vorgehen, denn allen Zermatter Bergführern ist der Besuch der Sonntagsmesse Pflicht. Also brechen Whymper, McCormick, Robertson, Phillpotts, der Führer Franz Andenmatten aus Saas, zwei Führer aus Chamonix – Payot und Tairraz, gute Freunde von Michel Croz – und zwei Führer von St. Niklaus – die Brüder Joseph-Marie und Alex Lochmatter – ohne die Zermatter auf. Die neunköpfige Partie verlässt Zermatt in der Nacht und erreicht – der Matterhorngletscher unter der Nordwand ist vorher noch nie betreten worden – die Abgestürzten am Vormittag. Wortlos, bleich die Gesichter, stehen sie vor den verstümmelten Körpern: Croz, Hadow, ein Stück weiter oben Hudson. Von Douglas fehlt jede Spur.

Was für ein Anblick! Zertrümmerte Schädel, hier ein Unterarm, dort eine Hand, die Payot als die Hand seines Freundes Michel Croz erkennt. Er erkennt sie an alten Narben. Die Körper sind fast nackt, überall liegen Kleiderfetzen herum.

Monsieur Seiler im Monte Rosa ist erleichtert, als der Suchtrupp zurück ist und Whymper sich wieder in seinem Zimmer einsperrt.

»Whymper leidet entsetzlich«, weiß man im Hotel.

»Der arme Kerl, und noch so jung!«

»Wenn er nicht bald abreisen darf, wird er noch irre.«

Im Berner Oberland wird Professor Tyndall in diesen Tagen von einem Bergführer angesprochen: »Kennen Sie Professor Tyndall?«

»Warum?«

»Er lebt nicht mehr, mein Herr!«
»Wie bitte?«
»Er ist am Matterhorn tödlich verunglückt.«

Bald ist die Katastrophe auch in den verstecktesten Alpentälern kein Gerücht mehr. Tyndall liest in Innertkirchen in den Zeitungen davon. Er beschließt, den am Matterhorn verschollenen Lord Douglas zu suchen, ist doch dessen Mutter, Marquess of Queensberry, der Vision verfallen, ihr Lieblingssohn lebe und warte in den Felsen auf Rettung. In Zermatt zirkuliert jetzt das Gerücht, Professor Tyndall habe sich neunhundert Meter Seil beschafft und werde sich vom Matterhorngipfel abseilen, um die Leiche des Lords zu bergen. Tyndall eilt nach Zermatt. Pfarrer Ruden aber weist ihn ab: »Es hat genug Tote gegeben, wir wollen nicht noch mehr!«

Am 21. Juli erst ist eine Bergungsaktion möglich. Einundzwanzig Bergführer sind dabei, die Toten in Säcken zu verstauen, als in der Felswand über ihnen plötzlich ein Krachen zu hören ist.

»Steinschlag!«, ruft einer der Bergführer.

Alle rennen in Deckung, suchen Schutz unter hervorstehenden Felsen. Nur Whymper bleibt ruhig. Er sucht weiter nach der Ausrüstung der Toten im Schnee. Als sei er weder vom makabren Anblick der Abgestürzten noch von Steinhagel erschüttert.

Inzwischen verbreiten sich die unglaublichsten Gerüchte. Auch die Frage nach der Schuld wird gestellt, Verdächtigungen werden ausgesprochen. Nicht nur die Bevölkerung von Zermatt, auch Touristen nehmen am Begräbnis teil und tuscheln. Zermatt trauert und rätselt: Hat Whymper wirklich das Seil durchschnitten, um sich selbst zu retten? Der Verdacht fällt gleichzeitig auf Vater Taugwalder. Hat er damit nicht seinen Sohn gerettet?

»Ja, die beiden sind vor Gericht erschienen«, weiß der Pfarrer.

»Eine Anhörung«, korrigiert ihn Seiler.

»Die Protokolle?«

»Unter Verschluss.«

»Hat nicht Hadow den Unfall verursacht?«

»Er ist tot, kann also nicht mehr aussagen.«

»Hat Taugwalder versagt, oder ist dieser Sturz auf einen Fehler von Whymper zurückzuführen?«, fragt man Carrel.

»Es geht nicht um Schuld, es geht um Verantwortung«, ist sein Fazit.

»Hat Whymper wirklich ein Seil zerschnitten, als er sich zum Gipfelspurt mit Croz hat hinreißen lassen? So dass es beim weiteren Abstieg zu kurz war und durch ein dünneres ergänzt werden musste?«

»Nicht auszuschließen«, sagt Carrel.

Und Whymper lässt aus London wissen: »Wie ich höre, ist Taugwalder zur Arbeit unfähig, nicht gerade verrückt, aber doch geschwächten Geistes und fast irrsinnig.«

29

IMMER WIEDER stellt sich Carrel vor, wie es gewesen sein könnte: Das Seilende ist zu kurz, als sich der alte Taugwalder für den Abstieg anbinden will – hinter Croz, Hadow,

Hudson und Douglas. Er muss also ein drittes, das Reserveseil, nehmen, denn das zweite Manilaseil verbindet ihn mit seinem Sohn Peter. Dazwischen wird sich wenig später Whymper einbinden. Das Seil, das zum Corpus Delicti wird, ist also ein dünneres, schwächeres.

Die Frage der Seile beim Abstieg ist auch deshalb so wichtig, weil sich alle Beschuldigungen daran festmachen lassen. Dabei ist die Frage, warum beim Abstieg keines der drei Seile als Fixseil eingesetzt worden ist, wichtiger. Sehr wahrscheinlich wäre bei einem solchen Sturz auch das beste Seil gerissen! Und nur, weil Vater Taugwalder eine Selbstsicherung über einen nahen Felszacken gelegt hatte – als Seilschlinge, die ihn fixierte –, ist er nicht mitgerissen worden. Nur deshalb wurde das Sicherungsseil zu den Absteigenden, das reißen musste, gleichzeitig zur Rettung für Whymper und die beiden Taugwalder. Ohne die Kraft, Vorsicht und Geistesgegenwart des Vaters jedenfalls hätte keiner der sieben Matterhorn-Erstbesteiger überlebt.

Als Croz das Gleichgewicht verliert und Hadow die ihm Folgenden aus dem Stand reißt – das Seil zwischen ihnen kann in der gegebenen Situation nicht durchgehend straff gewesen sein –, ist der Ruck so groß, dass für den Führer kein Halten mehr ist. Entweder werden alle sieben mitgerissen, oder das Seil reißt. Hätte auch Vater Taugwalder den Halt verloren, sein Sohn und Whymper hätten den Sturz der gesamten Seilschaft nicht aufhalten können.

Wer aber bestimmte die Reihenfolge der Teilnehmer beim Abstieg? Whymper? Hudson? Normalerweise die Führer. Croz hätte doch, als erfahrenster Führer, als Letzter gehen müssen. Wegen der bestmöglichen Sicherung, die beim Ab-

stieg nur von oben gegeben ist. Umgekehrt aber: Wären sie in anderer Reihenfolge je wieder vom Berg heruntergekommen? Croz vertraute den Taugwalders und übernahm also die Betreuung des Schwächsten im Team, der auch beim Abstieg das Tempo bestimmte. Alle kannten doch Hadows Schwächen.

Und dann plötzlich und unerwartet, schreit Croz im Fallen auf und alle Blicke senken sich: Was sie sehen, ist der Absturz des Himmels.

30

WHYMPER ERZÄHLT zuerst wenig, und später sind seine Worte nichts als Rechtfertigung: Die beiden Führer, sagt er, die Taugwalders, habe nach dem Absturz ein tiefer Schreck gelähmt: *Sie weinten wie Kinder, zitterten so sehr, dass sie nicht mehr klettern konnten. Aus der puren Angst, uns drohe das Schicksal der anderen.*

»Chamonix, was wird man in Chamonix sagen?«, soll der alte Peter gerufen haben.

Weil Croz abgestürzt ist?

Hat Whymper entschieden, dass Croz als Erster, Hadow als Zweiter absteigen soll?, fragt sich Carrel, als er Details vom Abstieg erfährt.

Hudson soll so sicher wie ein Führer geklettert sein? Sicher absteigen aber konnten über ein solches Gelände wohl nur die Bergführer. Er soll sich gewünscht haben, so Whymper, als Dritter in der Seilschaft eingereiht zu werden, Lord

Douglas dann hinter ihm und der Stärkste, der alte Peter, als Fünfter. Carrel erkennt Fehler in dieser Reihenfolge.

»Vorwürfe aber«, meint er, »sind niemandem zu machen.«

Am allerwenigsten Vater Taugwalder. Die Frage ist: Hat sich immer bloß einer bewegt, festen Fuß gefasst, und dann erst der Nächste?

Ein solcher Sturz – nur ein Augenblick, dann der Ruck auf den Sichernden, vier harte Schläge, alles in Sekundenschnelle – ist nur zu halten, wenn das Seil reißt, weiß Carrel.

Carrel weiß auch, dass Taugwalder gesichert gewesen sein muss. Denn die wenigen Sekunden zwischen dem Sturz Hadows und den Schlägen, die Vater Taugwalder – mit dem Seil um die Brust – viermal hintereinander schier zerreißen, reichen weder für das Durchtrennen des Seils – mit Messer oder Pickel – noch für irgendeine Korrektur. Nicht einmal für einen klaren Gedanken.

Dass jemand in dieser Situation unter Schock steht – Whymper ebenso wie die Taugwalders –, ist nachzuvollziehen. Die Sorge des Vaters gilt jetzt weniger dem Sohn als vielmehr dem Touristen Whymper, den sie vom Berg hinunterzubringen haben.

Whympers Erzählung über den Abstieg – *die Taugwalders haben allen Mut verloren* – klingt wie eine zurechtgelegte Heldengeschichte. Welche Seile will er um feste Felsblöcke gelegt haben, um sich daran abzuseilen? Der größere Teil des Seilvorrats war doch mit den Verunglückten im Abgrund verschwunden. Fixseile abgeschnitten zurücklassend, will Whymper den schwierigen Abstieg gesichert haben. In seiner Beschreibung des Brockengespenstes – damals ein bekanntes Naturphänomen – äußert sich seine Verwirrung: *Da zeigte sich ein mächtiger Regenbogen, der über dem Liskamm hoch in die Luft aufstieg. Bleich, farblos und geräuschlos, aber mit Ausnahme der Stelle, wo die Wolken sich hineindrängten, standen – vollständig scharf und abgegrenzt – zwei ungeheure Kreuze, eine überirdische Erscheinung als Bote aus einer anderen Welt.* Die Taugwalders sollen das Phänomen als Erste gesehen und eine Beziehung der Kreuze mit den Verunfallten darin gesehen haben. Whymper ist froh, als die merkwürdige Erscheinung verschwindet, und notiert: *Wir hatten die Sonne genau im Rücken, das heißt, der Nebelbogen lag der Sonne gegenüber. Die Zeit war halb sieben Uhr abends. Die Formen hatten eine neutrale Farbe, waren zugleich zart und scharf, entwi-*

ckelten sich allmählich und verschwanden plötzlich wieder. Die Nebel waren leicht und zerstreuten sich im Lauf des Abends.

Als Carrel den jungen Taugwalder trifft, weiß dieser allerdings nichts von diesem *wunderbaren Anblick* zu berichten.

Carrel aber erinnert sich, drei Tage nach Whymper auf der anderen Seite des Berges ein ähnliches Phänomen beobachtet zu haben: *Wir befanden uns auf der Schulter, als wir eine Erscheinung bemerkten, die uns Vergnügen machte. In der Schweiz war der Himmel hell, auf der Seite von Valtournenche standen dicke Wolken. Wir sahen uns selbst mitten in einem Kreis, der die Farben des Regenbogens annahm, gespiegelt. Wir waren von einem leuchtenden Rahmen umgeben, in dem wir unsere Schatten sahen.*

Carrel fragt sich auch, warum Whymper, nachdem die drei Überlebenden verhört worden sind, eine Reihe zusätzlicher Fragen an den alten Peter Taugwalder aufwirft. Weil sie Taugwalder Gelegenheit geben sollen, sich zu rechtfertigen?

»Nein«, sagt Carrel: »Whymper will nur alle Verantwortung für die Katastrophe dem alten Taugwalder zuschieben.«

Whymper vergisst dabei, dass er mit dem Anspruch aufgebrochen ist, am Berg die Entscheidungen zu treffen. Nach eigener Aussage ist er den besten Führern an Können, Erfahrung und Mut doch ebenbürtig. Und damit hat er seinen Teil der Verantwortung zu übernehmen.

»Alle Gestürzten waren mit dem Manilaseil oder mit dem zweiten, gleich starken Seil zusammengebunden«, erzählt Whymper, der mehr als dreißig Meter von den anderen entfernt gewesen sein will, als Croz und der alte Peter beim Anbinden waren.

Carrel hat Zweifel: Das schwächere Seil soll nur zwischen Lord Douglas und dem alten Peter benutzt worden sein?

Womit ist Whymper denn mit den Taugwalders verbunden gewesen? Und welche Seile blieben später als Fixseile am Berg zurück? Whympers Seilsalat ist für Carrel nichts als ein Trick. Whymper: *Es sah für Taugwalder hässlich aus, denn es ließ sich unmöglich annehmen, dass die anderen die Verwendung eines weit schwächeren Seils gebilligt hätten, da wir von den besseren Sorten noch fünfundsiebzig Meter benutzen konnten. Um des alten Führers willen, der in einem guten Ruf stand, und auch noch aus anderen Gründen war es wünschenswert, dass dies aufgehellt werde.* Eine hinterhältige Bitte? Nein, ein ungerechter Vorwurf.

Keinem der Führer kann ein Vorwurf gemacht werden. Sie erfüllten männlich ihre Pflicht, aber ich glaube, wäre das Seil zwischen denen, die verunglückten, so gespannt gewesen wie zwischen mir und Taugwalder, diese schreckliche Kalamität hätte vermieden werden können.

Eine Ausrede, denkt Carrel.

Whymper, der in der internationalen Presse kritisiert wird, rechtfertigt sich, indem er alle Verantwortung für das Unglück den Taugwalders anlastet. Und er schafft es, den beiden Feigheit, Verantwortungslosigkeit, ja, sogar Geldgier vorzuwerfen.

Whymper erzählt, dass die Taugwalders – sie müssen

nach dem Unglück im Abstieg biwakieren – in die Dunkelheit hinein nach der Entlohnung fragen.

»Wer bezahlt uns, da unser Herr verloren ist?«

»Ich«, antwortet Whymper.

»Douglas, der uns engagiert hat, hat immer gut bezahlt.«

»Ich werde euch gerecht entlohnen.«

»Schon gut. Nur, wir sind arme Leute und können auf das Geld nicht verzichten«, soll Sohn Taugwalder erklärt haben.

»Es ist nicht der richtige Moment, über Geld zu reden«, sagt Whymper.

»Wann dann?«

»Ich werde euch bezahlen, als wäre ich euer Herr!«

Die Führer erbaten auch einen Eintrag in ihr Führerbuch, den Whymper allerdings verweigert. Weil er kritisch ausgefallen wäre? Oder weil er den beiden Taugwalders ihre Glaubwürdigkeit nehmen will? Nur eine, seine Version der Matterhorn-Tragödie soll am Ende gelten.

Alle Fragen, auch jene, die sich Carrel stellt, sollen ausgeklammert bleiben: Ist es möglich, dass sich Whymper für den Abstieg ein Stück Seil frei behielt, um sich an Vater Taugwalder anseilen zu können? Francis Lord Douglas jedenfalls musste realisiert haben, dass sich die vorauskletternde Viererseilschaft in einer prekären Situation befand. Wusste er, dass die Vordermänner nicht zu halten waren, falls auch nur einer stürzte? Warum sonst rief er Whymper zu, er möge aufschließen und sich an den alten Taugwalder anbinden. Es ist aber auch denkbar, ja, sogar wahrscheinlich, dass sich Whymper zwischen Vater und Sohn Taugwalder in das gute Seil eingebunden hat. In diesem Fall musste

Whymper bemerkt haben, dass Taugwalder das schwächere Seil zwischen sich und Douglas eingesetzt hatte. Warum äußert Whymper sein Entsetzen über den Gebrauch dieses Seiles erst später?

Die Partie ist beim weiteren Abstieg eine einzige Seilschaft – Croz, Hadow, Hudson, Douglas, Taugwalder, Whymper und zuoberst der junge Peter Taugwalder. Eine siebenköpfige Seilschaft hat in so schwierigem Gelände nur Nachteile: Sie ist zu langsam, denn an schwierigen Passagen darf jeweils nur ein Teilnehmer abklettern. Dazu kommt die Angst, weil sich mit zunehmender Teilnehmerzahl das Gefühl der Unsicherheit aller im Einzelnen summiert. Dann die Verkrampfung, weil alle wissen, ein einziger Fehltritt kann in einer Kettenreaktion einen Seilschaftssturz auslösen.

Whymper und Croz haben den Gipfel zehn Minuten vor den anderen betreten. Der Engländer bleibt dann länger oben. Er macht Skizzen von der Gipfelszene, steigt mit dem jungen Taugwalder zu den anderen ab und dann nochmals zum Gipfel, um die Namen aller Erstbesteiger – auf ein Blatt Papier gekritzelt – in einer leeren Flasche zwischen losen Steinen zu hinterlegen. Beim Anseilen für den Abstieg bindet er sich ins zweite gute Manilahanfseil ein. Hat Croz Seil übrig, um es an schwierigen Stellen als Fixseil hängen zu lassen? Bleibt Vater Taugwalder deshalb nur das sechzig Meter lange, schwächere Seil, um sich mit Douglas zu verbinden? Hat Whymper jetzt, wie auf seiner Skizze, die ihn in Siegerpose zeigt, immer noch ein langes Ende des Seils über Brust und Rücken geschlungen? Nichts ist gewiss. Whymper aber, der die Seile zur Verfügung gestellt hat, der sich als Leiter der Partie sieht, gibt keine Auskunft darüber. Er lehnt jegliche Verantwortung ab.

Am 17. Juli 1865, am Tag, als Carrel den Gipfel von Süden erreicht, schreibt Whympers Freund, der englische Pfarrer McCormick, an die Times in London: *Ein Aufschrei von Croz lässt Whymper im Schreck zusammenfahren. Im nächsten Augenblick sieht er Hadow und Croz stürzen, Hudson und Lord Francis Douglas werden umgerissen, verlieren den Boden unter den Füßen, und die abstürzenden Männer rutschen über die Kante ins Nichts. Die beiden Taugwalder und Whymper, vorher durch den Schrei von Croz alarmiert, stemmen sich so fest wie möglich gegen den Felsen, um den Sturz der Gefährten aufzuhalten. Die Belastung des Seils ist zu stark. Es reißt, und Croz, Hadow, Hudson und Lord Francis Douglas stürzen kopfüber den Steilhang hinunter.*

Vater Taugwalder beschreibt die gleiche Situation ganz anders: *Um mich besser halten zu können, drehe ich mich gegen den Berg, das Seil zwischen Whymper und mir ist nicht gespannt, glücklicherweise aber um einen Felsvorsprung geschlungen – es hält.*

So muss es gewesen sein, weiß Carrel, wissen auch die Bergführer in Zermatt. Sie alle haben wenigstens einen ihrer Herren am Seil gehalten, was auf flachen Schneehängen möglich ist, im steilen Felsgelände wie am Matterhorn nur, wenn sie sich selbst mit einer Seilschlinge am Fels verankern.

Nochmals Taugwalder dazu: *Das andere Seil bekommt durch den Sturz eine derartige Spannung, dass es in der Luft reißt. Dort, wo dieses Seil um meinen Körper gebun-*

den war, spüre ich viermal einen Ruck, wie Peitschenhiebe. Wochenlang sind die blutunterlaufenen Striemen zu sehen.

Im Bund, einer Schweizer Zeitung, wird Taugwalders Geistesgegenwart am 16. Juli gelobt. Whymper aber schreibt dagegen an: *Als wir den Schreckensschrei von Croz hören, verstemmen wir uns in den Felsen, so gut es geht. Da das Seil zwischen uns gespannt ist, trifft der Schlag uns beide, als wären wir ein Mann. Wir halten aus, das Seil zwischen Taugwalder und Lord Francis aber reißt mittig zwischen den beiden.*

Carrel schüttelt nur den Kopf, als er die Zeilen liest.

Der junge Taugwalder schildert die Situation unmittelbar danach so: *Whymper zittert so heftig, dass er lange zu keinem sicheren Schritt fähig ist.* Tatsächlich scheint er unter Schock zu stehen, denn beim Abstieg über die Ostwand hält er immer wieder nach den verunglückten Kameraden Ausschau. Sie können dort aber nicht sein, weil sie auf dem Gletscher unter der Nordwand liegen.

Bald schon steht in der Öffentlichkeit nicht mehr der Hauptverantwortliche in der Kritik, sondern zwei Bergführer. Der eine ist Carrel, Whympers Lehrer am Berg; der andere Taugwalder, sein Lebensretter. In Valtournenche ist Carrels Position deshalb angefochten, weil er verloren hat und Whymper trotzdem verteidigt. Andere im Tal wollen ihm das Monopol am Matterhorn streitig machen.

Auf der anderen Bergseite, in Zermatt, gelingt es Vater Taugwalder nicht einmal, dem Geschwätz im eigenen Dorf ein Ende zu setzen. Als Führer kaum noch gefragt, zieht er sich mehr und mehr zurück.

»So ein guter Führer er sein mag, ich werde ihm mein Leben nicht mehr anvertrauen und ihn auch anderen nicht empfehlen«, wirft ihm Whymper, zurück in London, vor und nimmt so Rache an dem Mann, ohne den er nicht mehr am Leben wäre. Croz ist tot, Carrel gebrochen und Taugwalder diskreditiert. Alles nur, weil Whymper mit dem Wort besser umzugehen weiß als mit dem Eispickel.

31

Diese widersprüchlichen Berichte zum Unglück am Matterhorn bringen das Bergsteigen erstmals in Verruf. Die Times in London widmet der Angelegenheit einen Leitartikel, was darauf hinweist, dass die Tragödie weit über Alpinistenkreise hinaus interessiert:

Es gibt Geschehnisse, schreibt das Blatt, *die eine Zeitung zwingen, Stellung zu beziehen, sogar, sich unpopulär oder lächerlich zu machen, selbst wenn wir für die Sache eintreten möchten. Wir wollen die Sympathien der Jugend, der Mutigen und Unternehmungslustigen gewinnen, obwohl wir ihrem Hohn gegenüber nicht unempfindlich sind. Auch wir haben, ebenso wie sie, ein Matterhorn zu bezwingen, und das nicht ohne Grund. Also fragen wir: Warum wird das beste Blut Englands geopfert, um Gipfel zu ersteigen, die bis dahin unbezwungen waren? Nur um den ewigen Schnee zu entweihen und unergründliche Höhen zu betreten, von denen es keine Rückkehr gibt? Unseres Wissens war es der Erbe eines unserer glänzendsten Adelstitel, ja, was noch mehr bedeutet, einer der besten jungen Männer der Welt, der mit drei Kameraden und einem Führer in einen Abgrund von eintausendzweihundert Meter stürzte. Hundert Meter würden auch genügt haben, es waren zwölfmal soviel. Die beiden Engländer, die sein Schicksal teilen, waren Männer jenes Schlages, auf die England stolz sein kann. Sie wären der Stolz eines jeden Zeitalters, auch eines verdorbeneren oder genügsameren als des unseren, gewesen. Sie waren Gelehrte und Gentlemen. Es waren Männer, die sich in der Schule und an der Universität oder in ehrbaren Berufen ausgezeichnet hatten. Sie waren bewundert und geliebt. Rührende Nachrufe zeigen uns, wie liebende Menschen nun mit Entsetzen auf den Ort des Unglücks starren. Viele unserer Leser haben Zermatt schon einmal besucht, daher ist es nicht nötig, den wohlbekannten Ort genauer zu beschreiben. Steht man im tiefen Matterntal und schaut nach Süden, sieht man gewaltige Felsmassen, hat Eis und Schnee vor sich, eine wahre Himmelsleiter, die die Vorstellung weckt, die Rosse der olympischen Götter könnten sich dort getummelt haben. Auf diesem Tanzplatz erhebt sich ein Felsen, in seiner Form ein Mittelding zwischen Obelisk und Pyramide, der allen Menschen wie ein ungeheurer Schmuck erscheinen muss. Aus Alabaster und Silber. Den bescheidenen Betrachtern in diesem Tale mag er etwa so unzugänglich erscheinen wie uns die Sankt-Pauls-Kathedrale. Und wenn wir die Wahl hätten, wir würden es vorziehen, unter Zuhilfenahme von Fingern und Zehen an einem der gutgebauten Häuser in London – mit seinen Gesimsen und Dachrinnen – emporzuklettern als am Unge-*

heuer von Zermatt. Wer den Wunsch hat zu erfahren, was fünfzig Meter senkrechte Höhe bedeuten, braucht sich nur auf die Spitze der Kathedrale zu begeben. Am Matterhorn aber handelt es sich um eine Höhe von eintausendzweihundert Meter, die nicht minder schwindelerregend ist. Schon der Aufstieg ist unvorstellbar, und wir wundern uns nicht, dass der Abstieg zur Katastrophe wurde. Während der stundenlangen, ununterbrochen schwierigen Besteigung hat es nur wenige Augenblicke, flache Stellen, gegeben, wo die Bergsteiger sich hätten ausruhen, die Augen schließen können mit dem Gefühl, wenigstens vorübergehend in Sicherheit zu sein. Gewiss, all dieser Einsatz ist bewunderungswürdig, aber kann man so etwas verantwortungsbewusstes Leben nennen? Handelt es sich hier um Pflicht? Um den gesunden Menschenverstand? Ist so etwas erlaubt? Ist das nicht zu verpönen?

Der Kühnheit sind zweifellos Grenzen zu setzen. Wir möchten noch weiter gehen und bestreiten, dass die beste Erziehung zum Mut darin bestehe, sich der Gefahr auszusetzen. Es ist nicht der beste und besonnenste Reiter, der die größten Hindernisse nimmt. Der gesunde Menschenverstand in England überlässt die Hindernisrennen, bei denen eine gewisse Zahl von Todesfällen vorkommen muss, um das Interesse daran wachzuhalten, ja auch den jungen frischen Herren. In England lieben es vor allem die Damen nicht, ein edles Pferd aufgespießt oder mit gebrochenem Hals zu sehen. Sie schauen ebenso ungern zu, wie ein hübscher junger Mann mit zerbrochenen Knochen oder gar tot aus der Bahn getragen wird. Es gibt eine Grenze, sich freiwillig Gefahren auszusetzen; wird sie überschritten, so fängt es an, lächerlich oder gar ekelhaft zu werden. Vor fünfhundert Jahren versuchten junge Römer aus adeligen und päpstlichen Familien, die ruhmreichen Schlachten im Amphitheater in Form von Stierkämpfen wiederzubeleben. Lächerlich: ›Jeder Kämpfer‹, schreibt Gibbon, ›trat erfolgreich einem wilden Stier entgegen, aber man musste den Sieg den Vierfüßlern zuschreiben, denn es blieben elf Stiere auf dem Platze, während die Gegenpartei neun Verwundete und achtzehn Tote hatte.‹ Niemand wird dies ohne ein Schmunzeln lesen, denn wir halten es für ausgemachten Wahnsinn, wenn das Leben eines Colonna gegen einen wilden Stier aufs Spiel gesetzt wird. Nun, es wird eine Zeit kommen, in der Historiker voller Spott berichten werden, wie früher einmal englische Edelleute, Gelehrte und Männer der Kirche in endloser Folge auf die höchsten Gipfel der Alpen stiegen, um entweder eitlen Ruhm oder einen schrecklichen Tod zu finden. Wenn wir Achtung vor dem Mut haben wollen, muss sich dieser in vernünftigen Grenzen halten, und auch das Ende muss in Betracht gezogen werden. Welchen Zweck soll es haben, steile Felsen zu erklimmen und eine halbe Stunde auf einer luftigen Spitze über der Erdkugel zu stehen? Man begreift solche Klettereien bei Seeleuten, Wetterfahnenreinigern, Schornsteinfegern und bei anderen abenteuerlichen Berufen. Wenn ein Mann für eine solche Sache stirbt, muss er sich damit abfinden, denn es handelt sich dabei um seinen Beruf, den Kampf um seine Existenz. Wenn jedoch ein Mitglied des Alpenclubs in den wenigen Sekunden des Absturzes sein Leben erinnert, ergibt sich zuletzt eine traurige Bilanz. Was haben wir dort oben zu suchen? Wer gibt uns das Recht, das Geschenk des Lebens und tausend günstige Ge-

legenheiten, dieses erfolgreich zu gestalten, einfach wegzuwerfen, um mit Affen, Katzen und Eichhörnchen in Wettbewerb zu treten? Das Leben stellt doch genügend große Ansprüche an den Mut des Menschen, sowohl in moralischer als auch physischer Hinsicht. Jeder Mann, der eine Stellung in der Gesellschaft innehat und entsprechenden Pflichten nachkommen muss, braucht Mut und Geistesgegenwart, sonst wird er ein Gegenstand des Spottes und der bürgerlichen Verachtung. Unmöglich, daß ein Mann in der Kirchenverwaltung oder einer Bergwerksdirektion etwas leistet, ohne dass er etwas von der Materie versteht, für seine Aufgabe eintritt und seine Rechte verteidigt. Hat er diesen Mut nicht, so ist er besser beraten, ein Handwerk auszuüben oder über Metaphysik nachzudenken. Für die Dinge des öffentlichen Lebens ist so einer nicht zu gebrauchen. Diesen Mut erwirbt man nicht, indem man sich in einer Reihe von verzweifelten Abenteuern in die Gefahr stürzt. Das Zeitalter des Rittertums ist längst vorbei. Man lernt auch nicht, Entbehrungen zu ertragen, indem man eine mühsame Reise durch die Wüste unternimmt. Auf solche Weise wird der Mensch zuletzt Sklave von Notwendigkeiten. Er bringt sich freiwillig in eine klägliche Situation, in eine hilflose Lage, etwas Unangenehmes tun zu müssen. Ob gerne oder nicht. Sein ganzes Leben identifiziert sich eine Zeitlang ausschließlich mit diesem Punkt, kulminiert zuletzt in Leiden, man kann ihn nicht mehr als Wesen sehen, das für seine Handlungen verantwortlich ist.

Man wird uns vorhalten, dass alle diese Einwände materialistisch, berechnend, kaltherzig seien. Was sonst nicht alles! Aber wir tun im Leben nichts Übles, wenn wir ans Ende

*denken und dabei mögliche Verluste mit einkalkulieren.
Die Weisheit aller Zeiten – nicht jene alter Zeiten – lehrt
uns, Vorsicht mit Tapferkeit zu verbinden. Wer diese Lehre
befolgt, stellt fest, welche Befriedigung Verantwortung bedeutet. Die Vorsicht schreibt uns vor, die Gefahr zu prüfen
und die Risiken, die daraus erwachsen, nicht wild und ge-
dankenlos anzunehmen sowie die Verantwortung im Team
gerecht zu verteilen, wobei der Erfahrenste am meisten davon übernimmt. Die Draufgänger und Abenteurer, ob sie
nun mit Mutter Erde oder einer Steinmauer in Kollision geraten, vergeuden ihr Potential ohne brauchbares Ergebnis.
Der Mensch des Mittelalters wusste, wenn er Rechenschaft
über sein Tun ablegte, dass hinter ihm der Boden mit Lei-
densgefährten bedeckt war, wie in den Sommernächten unsere Teppiche voll von halbverbrannten Motten. Das sind
die Märtyrer der Leidenschaft. Das Leben dieser Männer
begann mit einem großen Abenteuer, in das sie sich mit Be-
geisterung stürzten und dabei versuchten, mit einem einzigen Streich Sieger zu sein. Dieselbe Theorie gilt auch bei den
alpinen Unternehmungen als vorbildlich. Man betrachtet
es als selbstverständlich, dass unsere jungen Männer in die
Schweiz reisen, um Berge zu besteigen. Sie haben das natürliche und unwiderstehliche Bestreben, das zu tun, was alle
anderen vor ihnen getan haben, ja, noch mehr, was niemand
vor ihnen geleistet hat. Der arme Lord Francis Douglas
hatte sich wohl vorgenommen, das ›Blaue Band der Alpen‹
zu gewinnen. Wenn dem so ist, so muss der Alpine Club, der
diesen Kreuzzug inszeniert hat, besser für seine Durchfüh-
rung sorgen, denn sonst müssen wir ihn als Unfug betrachten. Will man das Werk vollenden, so muss es fachmännisch*

getan werden. Der Alpine Club muss die Anfänger ausbilden lassen, damit sie kräftig und ausdauernd werden, und es müssen Kletterwerkzeuge erfunden werden, so dass die jetzigen Mängel der Ausrüstung beseitigt werden können. Das Gebot der Vorsicht muss eingeprägt, die Möglichkeiten, genügend zu rasten, geprüft und die Verantwortung in den Mittelpunkt gestellt werden. Vor allem aber darf das Seil nicht reißen. Wenn ein Volk es verschmäht, sich erprobter Waffen und Verteidigungsmittel zu bedienen, weil diese dem wahren militärischen Geist zuwider sind, so wird es bald von einem Nachbarn auf den Boden geworfen, der mit den Waffen der Wissenschaft und Technik kämpft. Wir sehen nicht ein, warum das Matterhorn ausschließlich durch Muskelkraft erobert werden soll. Selbst wenn man sich dabei aller Hilfsmittel bedient, die zur Verfügung stehen, wird seine Bezwingung immer noch eine große und mit Gefahren verbundene Leistung sein. Wir hegen keine Zweifel, dass ein Mann, der vorhandene Hilfsmittel nicht verschmäht und sich nicht mehr der Gefahr aussetzt, als nötig ist, ein wertvolleres Glied der Gesellschaft ist als ein anderer, dem es lediglich um den Ruhm eines tollkühnen Unternehmers zu tun ist. Wir glauben auch, dass nicht ein Wort von dem, was wir hier vorgebracht haben, helfen kann, das Leid der Zurückgebliebenen sowie der überlebenden Freunde zu mildern. Unsere Argumente werden alle überzeugen, welchen Wert wir dem Leben der Verunglückten immer auch beimessen. Es waren außergewöhnliche Männer, mit deren Verlust wir uns nicht einfach abfinden können und wollen. Sie werden nicht umsonst gestorben sein, wenn diese Warnung so aufgenommen wird, wie sie gemeint ist.

Abbé Gorret übersetzt Teile dieses Artikels und trägt sie Carrel vor. Dieser schüttelt nur den Kopf und geht zurück auf seine Alm.

32

AM FREITAG, DEM 21. JULI 1865, findet im Hotel Mont Cervin in Zermatt eine gerichtliche Befragung statt. Zuerst wird Whymper, dann Taugwalder verhört. Auch Franz Andenmatten und Alexander Lochmatter, die beiden Führer, die an der ersten Bergungsaktion beteiligt waren, werden befragt. Whympers und Taugwalders Aussagen unterscheiden sich nur in wenigen Details und einem entscheidenden Punkt: der Reihenfolge der Abstürzenden. Taugwalder erinnert sie anders als Whymper. Riss Hadow Croz gleich mit sich in die Tiefe, wie Whymper es beobachtet haben will, oder zogen Hadow, Hudson und Douglas zuletzt noch den Führer mit in den Abgrund, wie Taugwalder sich erinnert?

In den Sitzungen des Untersuchungsrichters des Bezirkes von Visp, abgehalten im Hotel Mont Cervin, präsidiert von Richter Josef Anton Clemenz, mit dem Gerichtsschreiber Donat Andenmatten und dem Gerichtsdiener ad hoc Johann Julen, werden Protokolle erstellt, die nicht öffentlich gemacht werden sollen.

Der Untersuchungsrichter Josef Anton Clemenz stellt die Fragen. Zuerst an Whymper, den Touristen, der seinen Namen, sein Alter, seinen Beruf und Wohnort angeben soll.

»Edward Whymper, fünfundzwanzig Jahre, Kunstzeichner, London, ledig.«

»Haben Sie an der Bergtour teilgenommen, die am 13. Juli mit der Absicht, das Matterhorn zu besteigen, stattfand?«

»Ja.«

»Wie viele Teilnehmer waren bei dieser Bergtour dabei?«

»Beim Verlassen Zermatts waren wir acht Personen. Und zwar: vier Touristen, zwei Führer und zwei Träger. Am Morgen des 14. Juli ging einer der Träger, ein Sohn von Peter Taugwalder, von unserem Nachtquartier zurück nach Zermatt.«

»Welches sind die Namen der vier Touristen, der zwei Führer und des verbliebenen Trägers?«

»Reverend Charles Hudson, Mr Hadow, Lord Francis Douglas und ich; die Führer: Michel Croz aus Chamonix, Peter Taugwalder, Vater, von Zermatt; der Träger: Peter Taugwalder, Sohn.«

»Welches ist der Wohnort der Herren Douglas, Hudson und Hadow?«

»Mr Hudson war Vikar von Skillington, England. Der Wohnort der anderen ist mir nicht bekannt.«

»Um welche Zeit seid ihr am 14. Juli aufgebrochen, um die Spitze des Matterhorns zu erreichen?«

»Wir brachen von unserem Nachtlager um 3 Uhr 40 morgens auf.«

»Um welche Zeit habt ihr den Gipfel des Matterhorns erreicht?«

»Um 1 Uhr 40 nachmittags.«

»Wie lange habt ihr euch auf dem Gipfel aufgehalten?«

»Eine Stunde.«

»Habt ihr beim Abstieg die gleiche Richtung wie beim Aufstieg eingeschlagen?«

»Genau die gleiche.«

»Waren die vier Touristen und die Führer mit Seilen verbunden?«

»Ja, in der folgenden Reihenfolge: vorne der Führer Michel Croz, gefolgt von Hadow, Hudson, Lord Douglas, der Führer Vater Taugwalder, dann ich selbst und schließlich Sohn Taugwalder. Zwischen Lord Douglas und Vater Taugwalder war das Seil weniger dick als zwischen Michel Croz und Lord Douglas einerseits und Vater Taugwalder und Sohn Taugwalder andererseits.«

»Wie geschah das unglückliche Ereignis?«

»Wir stiegen in der oben angegebenen Reihenfolge ab. Ungefähr dreihundert Fuß vom Gipfel entfernt kamen wir an eine schwierige Stelle, die aus Fels und Schnee bestand. Soviel ich weiß, war im Moment, als sich das Unglück ereignete, nur Hadow in Bewegung. Mr Hadow hatte beim Abstieg offensichtlich große Schwierigkeiten. Sicherheitshalber nahm Michel Croz die Füße Hadows und platzierte sie einen nach dem andern an geeignete Stellen. Ich könnte nicht mit Sicherheit die wirkliche Ursache des Unfalls sagen. Aber ich glaube, dass Michel Croz, nachdem er die Füße von Hadow auf Felsstufen abgesetzt hatte, sich umdrehte, um selber einen Schritt vorwärts zu tun. In diesem Moment glitt Hadow aus und überschlug in seinem Sturz Croz. Dieses zweifache Gewicht zog Hudson und dann Lord Douglas nach. Die wenigen Augenblicke, während dies geschah, gaben uns drei weiter oben Befindenden Ge-

legenheit, festen Fuß zu fassen, so gut, dass in der Tat das Seil zwischen Lord Douglas und Vater Taugwalder zerriss. Während zwei oder drei Momenten sahen wir die vier Unglücklichen auf dem Rücken hinuntergleiten, die Hände zu ihrer Rettung ausgestreckt, bis sie ganz verschwanden. Nach dem ersten Überraschungsschrei von Michel Croz war kein Schrei mehr zu hören. Ich und die beiden Taugwalders stiegen ohne weiteren Unfall den genau gleichen Weg ab, auf dem wir aufgestiegen waren, mit größtmöglicher Vorsicht, immer nach den Spuren unserer unglücklichen Kameraden suchend. Aber wir haben nur zwei Pickel gefunden, die im Schnee steckten. Als Folge unserer Vorsicht und der Suche wurden wir auf einer Höhe von ungefähr 13 000 englischen Fuß von der Nacht überrascht. Dort stellten wir auf einem Platz von ungefähr zwölf Fuß Oberfläche unser Nachtlager auf und setzten unseren Abstieg am anderen Morgen, Samstag, den 15. Juli, fort. Wir erreichten Zermatt um 10 Uhr 30 morgens.«

»Waren Sie bei der Bergung der Leichen allein oder in Begleitung? Falls Sie nicht allein waren, wollen Sie bitte die Begleitpersonen nennen.«

»Ich war in Begleitung von Reverend McCormick, einem Freund von Mr Hudson, sowie von Reverend Robertson und von Mr Phillpotts. Dazu die Führer Alexander Lochmatter, Franz Andenmatten aus Saas Fee, Frédéric Payot aus Chamonix und ein weiterer Führer aus Chamonix, dessen Name mir unbekannt ist.«

»Habt ihr die vier Opfer gefunden?«

»Nur die Leichen von dreien: nämlich Mr Hudson, Mr Hadow und Michel Croz.«

»Habt ihr die Gemeindebehörden von Zermatt nicht benachrichtigt, dass ihr die Körper von drei Opfern gefunden habt?«

»Nein, nicht offiziell. Aber nach meiner Rückkehr nach Zermatt am Samstagmorgen setzte ich den Gemeindepräsidenten von Zermatt in Kenntnis über den traurigen Unfall und bat ihn gleichzeitig, Männer an den Unfallort zu senden, für den Fall, dass der eine oder andere meiner unglücklichen Kameraden noch am Leben sein würde. Dieser Bitte wurde entsprochen, und eine stattliche Anzahl Führer machte sich sogleich auf den Weg. Sechs Stunden später kehrten sie zurück und erklärten, dass sie die Körper gesichtet hätten, dass es jedoch unmöglich sei, noch am gleichen Tag bis zu ihnen vorzudringen. Am Sonntagmorgen weigerten sich dieselben Führer, die Opfer aufzusuchen. Dies war ein Grund, weshalb ich mich ohne offizielle Bewilligung auf den Weg machte, um die Leichen zu finden, und mich nach meiner Rückkehr nicht verpflichtet fühlte, offiziell Bericht zu erstatten. Der Umstand, dass drei der Leichen gefunden wurden, wurde jedem mitgeteilt, der Anteil an dieser traurigen Geschichte nahm.«

»Haben Sie keine Spuren von Lord Douglas gefunden?«

»Ich fand ein Paar Handschuhe, die ich ihm selber in Zermatt gegeben habe, und den Ledergürtel, den er während des Aufstiegs trug.«

»Haben Sie an Ihrer Aussage etwas zu berichtigen oder hinzuzufügen?«

»Ich möchte hinzufügen, dass uns ab dem Morgen des 14. Juli der Sohn von Taugwalder, der uns bis dahin als Träger begleitete hatte, nun als Führer diente.«

Das Protokoll wird von Edward Whymper gelesen, für gut befunden und unterschrieben.

Gleich anschließend an Whympers Befragung findet das Verhör von Peter Taugwalder, Vater, statt:

»Peter Taugwalder, fünfundvierzig Jahre alt, verheiratet, Bergführer, wohnhaft in Zermatt.«

»Haben Sie am 14. Juli das Matterhorn bestiegen?«

»Ja.«

»In welcher Eigenschaft haben Sie diese Besteigung gemacht?«

»Als Bergführer.«

»Wer hat Sie für diese Besteigung engagiert?«

»Lord Douglas und Whymper.«

»Hatten Sie vor der Matterhornbesteigung schon Bergtouren mit Lord Douglas gemacht?«

»Ja, als Führer begleitete ich ihn nach Zinal und auf das Gabelhorn.«

»Wurden Sie vor der Matterhornbesteigung über die Leute informiert, die teilnehmen sollten, und hatten Sie sich darüber geäußert, wer und wer nicht teilnehmen sollte sowie auch über das Missverhältnis zwischen der Zahl der Touristen und der Zahl der Führer?«

»Man nannte mir die Zahl der Teilnehmer. Ich machte keine Einwendungen. Aber ich machte die Bemerkung, dass im Vergleich zur Zahl der Touristen zu wenige Führer vorgesehen seien. Darauf sagten mir die Herren Whymper und

Hudson, sie seien ebenso gut wie Führer, worauf ich keine Bemerkungen mehr wagte.«

»Wer hat die Teilnehmer vor dem Abstieg angeseilt?«

»Die vier Vordersten, Führer Croz, Hadow, Hudson und Lord Douglas, wurden von Croz angeseilt. Mit einem gesonderten Seil band ich mich an Lord Douglas.«

»Wer wurde als Erster angeseilt?«

»Ich erinnere mich nicht mehr genau, wer als Erster an das Seil von Croz angeseilt wurde.«

»Welche Qualität hatte dieses Seil?«

»Es war ein neues, solides Seil.«

»Wer hat Sie an Lord Douglas angeseilt?«

»Ich selbst.«

»Warum nahm man zwischen Lord Douglas und Ihnen ein anderes Seil?«

»Weil das unterste Seil nicht ausreichte, mich auch noch daran anzubinden.«

»War Ihrer Ansicht nach das Seil zwischen Lord Douglas und Ihnen hinreichend stark?«

»Wenn ich gefunden hätte, dieses Seil sei nicht hinreichend stark, so hätte ich mich wohl gehütet, mich mit diesem Seil an Lord Douglas zu binden, denn ich hätte weder ihn noch mich damit gefährden wollen. Wenn ich gefunden hätte, dieses Seil sei zu schwach, so hätte ich es schon vor der Matterhornbesteigung als solches erkannt und es refüsiert.«

»Geben Sie uns nähere Angaben über den Ort, wo das Unglück geschah.«

»Nachdem wir zweihundert bis dreihundert Meter vom Gipfel abgestiegen waren, erreichten wir die zweite der schwierigeren Stellen, wo der Berg nur glatte Felspartien aufweist und wo es sehr schwierig ist, Fuß zu fassen. Dort war es, wo Hadow ausrutschte und die Folgenden nachzog und diese dann auch Croz nachzogen, nachdem das Seil zwischen Lord Douglas und mir zerrissen war.«

»Glauben Sie, dass alle Sicherheitsvorkehrungen getroffen worden sind?«

»Jawohl. Aber es ist zu bedauern, dass Hadow ein sehr schlechter Bergsteiger war.«

»Wie verlief der Unfall?«

»Ich sagte es soeben. Aber ich füge bei, dass Herr Whymper, ich und mein Sohn die Unglücksstelle gleich verlassen wollten und dennoch weiterhin an ihr verblieben. Schließlich stiegen wir ab, um eine Stelle zu suchen, wo wir die Nacht zubringen konnten. Anderntags trafen wir dann heil in Zermatt ein.«

»War das Seil im Moment des Sturzes straff?«

»Es war straff.«

»Was halten Sie vom Zerreißen dieses Seils?«

»Ich weiß nicht. Aber das Gewicht von drei Personen und die Kraft ihres Sturzes hätten auch ein sehr starkes Seil zerrissen.«

»Haben Sie noch etwas zu ergänzen oder abzuändern?«

»Ich füge bei, dass ich mich, um mich besser halten zu können, gegen den Berg drehte. Da das Seil zwischen Whymper und mir nicht gespannt war, konnte ich es glücklicherweise um einen Felsvorsprung legen, was mir den notwendigen Halt gab, uns zu retten.«

»Wäre es möglich gewesen, die vier Männer nach dem Zerreißen des Seils noch zu halten?«

»Unmöglich!«

»Hätten Sie die Touristen retten können, wenn das Seil nicht gerissen wäre?«

»Ich bin überzeugt, dass ich mit Croz' Hilfe die Touristen hätte retten können.«

Das Protokoll wird von Peter Taugwalder, Vater, gegengelesen, bestätigt und unterschrieben.

33

WHYMPER, NOCH NICHT zurück in London, fühlt sich bei der Lektüre des Artikels in der Times unverstanden und angegriffen. Am 26. Juli schickt er in einem Brief an Edmund von Fellenberg, Mitglied der Sektion Bern des Schweizerischen Alpenclubs, seine Verteidigungsschrift, die Darstellung des Matterhorn-Dramas aus seiner Sicht: *Wir brachen am Donnerstag um 5 Uhr 35 morgens auf, nicht in der Absicht, an diesem Tag eine große Höhe zu erreichen, sondern anzuhalten, wenn wir einen günstigen Platz für das Aufstellen des Zeltes finden würden. Wir hatten Proviant für drei Tage dabei – für den Fall, dass der Aufstieg länger als vorgesehen dauern würde. Um 11 Uhr 50 fanden wir eine brauchbare Stelle für das Zelt und hielten an – auf einer Höhe von 11 000 englischen Fuß (3380 Meter). Croz und Taugwalders ältester Sohn stiegen zum Auskundschaften weiter hinauf – in der Absicht, am Morgen, beim Weitersteigen, Zeit zu sparen. Wir anderen blieben zurück und bauten eine Plattform, auf der wir die Nacht zubringen wollten. Als diese Arbeit getan war, berichteten die zwei Zurückkommenden triumphierend, dass sie bis hoch hinauf leichtes Gelände vorgefunden hätten: ›Wärt ihr mit uns gekommen, wir hätten den Berg besteigen und mit Leichtigkeit wieder zum Zelt zurückkommen können!‹*

Gutgelaunt begaben wir uns unter unsere Wolldecken – Lord F. Douglas, ich und die Taugwalders im Zelt, die anderen draußen. Der Schlaf aber, dessen wir uns sonst erfreut hätten, wurde durch das Schnarchen der Taugwalders vertrieben. Lange vor Tagesanbruch standen wir auf, frühstückten, und wir waren bald bereit. Am Freitag, 3 Uhr 50 morgens, brachen wir auf. Den jüngeren Taugwalder-Sohn, Friedrich, ließen wir allein zurück.

Die Kletterei war leicht, und rasch erreichten wir die Höhe von 12 800 Fuß [3900 Meter], wo wir eine halbe Stunde Rast hielten. Dann ging es bis 9 Uhr 55 weiter, bis zur nächsten Rast. Wir verweilten fünfzig Minuten. Wir befanden uns jetzt unter der Stelle, die von Zermatt aus senkrecht oder überhängend erscheint. In Wirklichkeit ist sie weder das eine noch das andere, obgleich sie steil und äußerst abschüssig ist.

Bis dahin waren wir an der Nordost-Wand gestiegen und hatten keinerlei Schwierigkeiten angetroffen. Aber jetzt konnten wir nicht wie bisher weitermachen. Wir gingen nach rechts hinüber, auf die Nordseite. Auf der Länge von zwei-, dreihundert Fuß war der Aufstieg schwierig. Die Kletterei verlangte große Vorsicht. Als wir uns dem Gipfel näherten, wurde es wieder leichter und zuletzt so einfach, dass sich Croz und ich vom Seil der andern losmachten und zum höchsten Punkt rannten, den wir beide um 1.40 Uhr nachmittags erreichten – die andern zehn Minuten nach uns.

Diesen ersten Bericht über den Gipfelgang schreibt Whymper in Interlaken, in einem Brief, den er Reverend Hawker übergibt. Wie zu seiner Entschuldigung schreibt er auch an Rimini, den Sekretär des CAI. Als bitte er den italienischen Alpenverein um Absolution, wohl ahnend, dass Carrel inzwischen über die Tragödie informiert ist. Dieser soll jetzt auch seine Sicht der Dinge erfahren: *Ein einziger Fehltritt, ein einziges Ausgleiten verursachte den schweren Unfall. Den Führern kann man keine Schuld beimessen, sie keiner Unaufmerksamkeit zeihen: alle taten vollkommen ihre Pflicht. Dennoch bin ich der Ansicht, dass, wenn das Seil zwischen jenen, die abstürzten, ebenso regelrecht gespannt gewesen wäre wie zwischen Taugwalder und mir, so hätte die ganze schreckliche Katastrophe vermieden werden können.* Damit nimmt Whymper zwar Schuld von den Führern, selbst aber will er weiter keinerlei Verantwortung übernehmen.

Über die drei Seile wird inzwischen alpenweit diskutiert. *Da sich die fünf ersten Männer angeseilt hatten, während ich zeichnete,* erinnert sich Whymper, *hatte ich nicht darauf geachtet, welches Seil sie nahmen. Später musste ich daraus schließen, dass sie es für angebracht hielten, dieses Seil und nicht ein anderes zu nehmen. Man hat gesagt, das Seil habe sich am Felsen durchgescheuert. Das stimmt nicht. Es riss in der Luft und schien vorher keine Beschädigung erlitten zu haben.* In diesen ersten Berichten Whympers findet sich die Kritik an Taugwalder versteckt zwischen den Zeilen, sechs Jahre später aber, in seinem Buch »Scrambles amongst the Alps«, erhebt er schwerwiegende Vorwürfe: *Das schwächste der drei Seile – zu diesem Zweck nicht bestimmt – war ein altes und im Verhältnis zu den anderen schwaches Seil. Ich hatte es bloß für den Fall mitgenommen, dass wir beim Abstieg viele Seile um Felsen schlingen und zurücklassen müssten. Wenn Taugwalder mit der Möglichkeit eines Absturzes der andern rechnete, so war es in seinem Interesse, mit dem schwachen Seil an sie gebunden zu sein.*

Dies ist eine ungeheure Unterstellung. Die Verantwortung in diesem Moment lag ausschließlich bei Whymper. Er hatte die Seile eingebracht, er bestimmte, wie und wo sie einzusetzen waren, er allein kannte Länge, Stärke und Alter seiner Seile. Sah er sich nicht selbst als Bergführer? Und wo ist er, als sich die Seilschaft für den Abstieg bereitmacht? Beim Zeichnen am Gipfel. Führung zu übernehmen aber heißt, ein Mehr an Verantwortung zu tragen, Übersicht zu wahren, ein Auge auf jeden Einzelnen zu haben. Whymper hatte in Carrel das bestmögliche Beispiel für das Verantwortungsbewusstsein eines Führers, hatte er doch dessen Fürsorge selbst erlebt. Auch Vater Taugwalder war ein Mann der Ehre, dem die Sicherheit der ihm anvertrauten Gäste wichtig war wie sein eigenes Leben. Whymper band sich, im letzten Moment, zwischen ihn und seinen Sohn ins Seil, in die offensichtlich sicherste Position. Hätte Vater Taugwalder nicht augenblicklich auf den Massensturz reagiert, hätten seine Kraft oder sein Körper nachgegeben, wäre der Felszacken, über den das Seil lief, geborsten – er und Whymper und zuletzt sein Sohn wären mitgerissen worden.

Niemals hätte Taugwalder das Leben von Douglas, für den er als Führer verantwortlich war, aufs Spiel gesetzt. Weder absichtlich noch fahrlässig. Hätte Taugwalder allein entschieden, sein Herr und nicht Whymper wäre zwischen ihm und seinem Sohn abgestiegen. Sicherlich hätten Croz und er an der Unglücksstelle ein Fixseil angebracht, wenn Whymper es angeordnet hätte.

Am Sonntag, dem 23. Juli, kommt es zu einer zweiten Befragung Peter Taugwalders. Warum nur mit ihm und warum an einem Sonntag? Whymper ist abgereist, hat aber weitere Fragen an Vater Taugwalder beim Untersuchungsrichter hinterlegt.

»Hat sich seit Ihrer letzten Aussage irgendetwas in Ihrer Erinnerung geändert? Haben Sie etwas beizufügen oder abzuändern?«, fragt Josef Anton Clemenz.

»Nichts! Es sei denn, dass ich noch, bevor wir die gefährliche Stelle erreichten, dem Führer Croz sagte, wir sollten ein Seil spannen, um so mehr Sicherheit zu haben. Croz antwortete, dies sei nicht nötig«, antwortet Taugwalder, und der Schreiber notiert die Antwort.

Dass Taugwalder ein Fixseil zum Festhalten meint, das oben am Fels befestigt ist und Absteigenden Halt bietet, kann der Richter nicht nachvollziehen. Er ist generell mit der Ausdrucksweise und dem Handwerk der Bergsteiger überfordert.

»Hat Ihr Sohn«, fährt Richter Clemenz fort, »gesehen, wie der Unfall vor sich ging?«

»Kaum, denn er fragte mich: ›Seid Ihr noch da, mein Vater?‹«

Clemenz verliest Whympers nächste Frage: »Wie kommt

es, dass sich zwischen Croz und Ihnen drei Herren, zwischen Ihnen und Ihrem Sohn jedoch nur ein Herr befand? Der Untersuchungsrichter ist der Meinung, diese Verteilung sei nicht vernünftig gewesen. Was sagen Sie dazu?«

»Der Vorderste war der Führer Croz, dann kam Hadow, dann Hudson, der sich als Führer bezeichnete. Dann folgten Douglas, ich, Whymper und dann mein Sohn. Wenn der Untersuchungsrichter gelten lässt, Hudson habe die Eigenschaft eines Führers, sehen Sie, dass sich jeder Tourist zwischen zwei Führern befand.«

»Wurde Hudson von der Seilschaft als Führer anerkannt?«

»Er selbst sagte, er habe keinen Führer nötig und er könne die Funktion eines Führers übernehmen.«

»Wer stellte das Seil zur Verfügung, das Sie mit Lord Douglas verband?«

»Die Herren Touristen.«

»Wurde Ihr Sohn als Führer oder als Träger in Dienst genommen?«

»Am ersten Tag als Träger, am zweiten Tag als Führer. Zu Beginn wollten die Herren meinen Sohn zurückschicken, und das mit der Begründung, Croz und ich würden als Führer ausreichen. Auf mein Ersuchen hin, meinen Sohn als Führer mitzunehmen, haben ihn die Herren dann als Führer engagiert.«

»Um wie viel Uhr seid ihr am 13. Juli in Zermatt aufgebrochen?«

»Zwischen fünf und sechs Uhr morgens.«

»Um welche Zeit seid ihr dort, wo die Nacht zugebracht wurde, eingetroffen?«

»Um Mittag.«

»Wann seid ihr dort am 14. Juli aufgebrochen?«

»Gegen zwei Uhr nachts. Wir haben uns dann um gut eine halbe Stunde verzögert. Die Herren waren guter Laune und haben auch Jauchzer von sich gegeben.«

»Herr Whymper hat in seiner Erklärung gesagt, Hadow sei als Erster ausgeglitten und habe damit Croz nachgezogen, die beiden hätten dann Hudson und Douglas nachgezogen. Er und ihr beiden Taugwalders hättet inzwischen Zeit gehabt, festen Stand zu fassen. In diesem Moment sei das Seil gerissen. In Ihrer Antwort hingegen sagen Sie, Hadow sei zuerst ausgerutscht, dann Hudson und Douglas, und dann erst Croz – nachdem das Seil zerriss. Da Whympers und Ihre Aussagen nicht übereinstimmen, sind Sie jetzt aufgefordert zu sagen, ob Sie Ihre Aussage aufrechterhalten wollen.«

»Da sich Herr Whymper an einer Stelle über mir befand, von wo aus er sich über diesen unglücklichen Unfall Rechenschaft geben konnte, könnte seine Aussage genauer sein als meine, so dass ich nicht festhalten will, Croz sei erst nach den drei andern gefallen. Denn alles geschah in einem einzigen Augenblick. Wir waren so erschüttert, dass es mir heute nicht möglich ist, über den Ablauf der Dinge genau Rechenschaft zu geben.«

»Haben Sie zu Ihren Angaben noch etwas beizufügen, oder haben Sie etwas abzuändern?«

»Ich wiederhole, dass ich, um mich besser halten zu können, mich gegen den Berg gedreht habe. Da das Seil zu Whymper um einen Felsvorsprung gelegt und nicht gespannt war, gab es mir den nötigen Halt, ich konnte das andere so glücklicherweise halten, uns drei retten. Dieses andere Seil hat mir durch den Sturz der andern an den Hüften derartige Schläge gegeben, dass ich dort, wo dieses Seil meinen Körper umfasste, jetzt noch Schmerzen leide.«

Wieder liest und bestätigt und unterschreibt Peter Taugwalder das Protokoll.

Irgendjemand scheint am Seilriss ein besonderes Interesse zu haben. Warum Vater Taugwalder ausgerechnet an einem Sonntag ein zweites Mal dazu befragt wird, bleibt ebenso rätselhaft wie der Ton dieses Verhörs. Wird in Zermatt die Sonntagsruhe sonst doch strengstens eingehalten.

Kein Zweifel, die Gerichtsbehörde ist mit der Beurteilung der Matterhornkatastrophe überfordert. Lässt der Untersuchungsrichter die Protokolle deshalb nicht veröffentlichen? Oder soll Whymper Zeit gegeben werden, seine Geschichte festzuschreiben? Er ist der der einzig überlebende Herr der Partie, Alpine-Club-Mitglied, und er beginnt, zurück in London, das Vorgefallene in Worte und Bilder zu fassen. Nach seiner Erinnerung. Als englischen Triumph. Und er bettet seine Geschichte in die Viktorianische Zeit, gibt ihr seine Dramaturgie. England ist Weltmacht. Trotz der anfänglich harschen Kritik aus seinem Heimatland bleibt er ganz Brite. Die beiden anderen Überlebenden, die Führer, sind Einheimische, Bergbauern. Sie sprechen einen Walliser Dialekt, der schwer verständlich ist. Sie können ihre eigenen Namen schreiben, mehr nicht.

In ihren Feststellungen, die viele Jahre später erst eingesehen und veröffentlicht werden, folgt die Untersuchungskommission Whympers Darstellungen:

Die Untersuchungskommission des Bezirkes Visp, bestehend aus dem Untersuchungsrichter Joseph Anton Clemenz und dem Schreiber C. Clemenz, beide wohnhaft in Visp, erklärt die Einstellung des Verfahrens in der von Amtes wegen eingeleiteten Untersuchung über den Unglücksfall am Matterhorn.

Feststellungen:
Am 13. Juli, fünf Uhr morgens, verließ eine Gruppe Zermatt, um die Besteigung des Matterhorns zu versuchen. Sie bestand aus Lord Douglas, Hudson, Eduard Whymper und Hadow und den Führern Michel Croz aus Chamonix, Peter Taugwalder Vater und Sohn, beide von Zermatt. Am 13. abends verbrachten sie die Nacht am Fuß des Berges. Am folgenden Tag verließen sie ihr Nachtlager um 3 Uhr 40 morgens und kamen um 1 Uhr 40 auf dem Gipfel des Berges an. Zum Abstieg benutzten sie den gleichen Weg, den sie für den Aufstieg genommen hatten; sie waren in der nachstehenden Reihenfolge angeseilt: an der Spitze der Gruppe befand sich der Führer Croz, dann folgten Hadow, Hudson, Lord Douglas, Taugwalder Vater, Whymper und Taugwalder Sohn. In einer Entfernung von etwa dreihundert Fuß unterhalb des Gipfels gelangten sie an eine mit Schnee bedeckte Felspartie, auf der es schwer war, Fuß zu fassen. Beim Überklettern dieser gefährlichen Stelle glitt Hadow aus und zog den Führer Croz bei seinem Sturz mit. Dieses doppelte Gewicht riß Hudson und dann noch Lord Douglas mit sich. Während der kurzen Zeit, da dieser Vorfall sich abspielte, hatten die Nachfolgenden Zeit, Fuß zu

fassen, und zwar so gut, daß das Seil zwischen Lord Douglas und Taugwalder Vater riß.

Die Überlebenden stiegen dann mit aller Vorsicht ab und kamen ohne weiteren Unglücksfall Samstag, den 15. Juli, um 10 Uhr 30 in Zermatt an, nachdem sie die Nacht vom 14. auf den 15. in einer Höhe von 13 000 englischen Fuß auf einem Felsvorsprung von etwa zwölf Fuß Oberfläche zugebracht hatten.

In Anbetracht:

daß aus dem oben geschilderten Tatbestand keinerlei deliktische Handlung abgeleitet werden kann;

daß Herr Hadow den Unfall verursacht hat; daß auf Grund der vorausgehenden Darlegung niemand eines Fehlers oder eines Deliktes bezichtigt werde kann,

beschließt die Kommission:

Das Verfahren wird eingestellt und die Kosten dem Staate überbunden.

34

WIE LEICHT ES DOCH IST, aus einer Katastrophe einen Skandal und aus einem Skandal ein Verbrechen abzuleiten. Am 31. Juli 1865 schickt der Schriftsteller Alfred Meißner aus Interlaken einen Artikel an die Neue Freie Presse in Wien, der am 4. August 1865 auf der Titelseite erscheint. Meißner erzählt von der ersten Besteigung des Matterhorns so, als sei er selbst dabei gewesen. In Wirklichkeit speist sich sein persönlicher Zugang zur Geschichte nur aus Gerüchten. Seine Präambel ist nichts als eine Rechtfertigung, aus Geschwätz eine gute Story gemacht zu haben:

Heiteren Sinnes kam ich abends vom Schwingfest in mein Hotel nach Interlaken zurück, wo sich inzwischen Reisende aus Zermatt eingefunden hatten. Ihre Erzählungen brachten einen schneidend kalten Ernst ins Gemüt. Die grässliche Katastrophe am Matterhorn ist noch immer Gesprächsstoff. Ich hörte sie eben jetzt erstmals in einer Version erzählen, die ihr eine fürchterliche Vertiefung gibt.

Meißner weiß über den Hergang des Unglücks wenig, von Sicherungstechnik am Berg versteht er gar nichts, und der Unfall eignet sich auch nicht für eine moralische Skandalisierung. Trotzdem schürt er sie mit seinen Artikel:

Die ganze Reihe rutschte und rollte nun mit entsetzlicher Schnelligkeit vorwärts, aber die letzten drei: Taugwalder, Whymper und Taugwalder Sohn, hielten sich noch auf den Füßen, ja, sie suchten mit eingeklemmten Alpenstöcken eine feste Position zu gewinnen. Taugwalder Vater hatte die Geistesgegenwart nicht verloren. Mit den Knien sich an einen Felsvorsprung klammernd, gelang es ihm, das Seil zweimal um sein rechtes Handgelenk zu schlingen. Whymper und Taugwalder Sohn hielten gleichfalls noch zurück. Inzwischen baumelten die vorderen Vier im leeren Raum und bemühten sich vergebens, mit Händen und Füßen genügende Haltpunkte zu finden. Sie rutschten weiter und tiefer und waren bald hinter einer Felskante vor den Augen der Zurückgebliebenen ganz verschwunden. So verging vielleicht eine ganze Minute, während die Hintermänner wie auf einem steilen Turmdach über der Tiefe schwebten. Dem Vater Taugwalder, der die ganze Last von vier hängenden und ihre Gliedmaßen wild herumwerfenden Menschen vom Sturz aufhielt, schnitt indes das Seil tief ins Gelenk und streifte ihm, allmälig vorwärts rutschend, die Haut mitsamt dem Fleische wie einen Handschuh, den man umstülpen will, herunter. Und noch immer gelang es jenen Verschwindenden nicht, sich aufzurichten und emporzuklimmen! Da – als dem Vater Taugwalder die Kräfte immer mehr versagten und der Schmerz im zusammengeschnürten Arm ihn fast von Sinnen brachte, soll er gesagt haben: ›Diese Vorderen reißen uns alle mit sich – wir sind verloren.‹ In diesem Augenblick riss das Seil – oder hatte ein Messer, das hinter Taugwalders Rücken hervorgezogen ward, es durchschnitten? Kurz, die am vorderen Ende Hängenden, für die Übrigen unsichtbar geworden, stürzen in die Tiefe. Nur zwei wurden im Fall sichtbar. Sie schlugen manchmal auf einen Vorsprung auf, prallten wieder ab, fielen wieder. Endlich blieben sie auf einem Schneefeld, viertausend Fuß unter dem Ort, wo diese Scene spielt, liegen.

Drei waren gerettet. Sie setzten ihre furchtbare Reise fort, zum Teil sich an Stücken des übriggelassenen Seilendes, die an Felskanten befestigt wurden, herablassend. Abends, nach einem Übermaß von Entsetzen, waren sie endlich in Sicherheit und konnten, wiewohl noch immer im Schnee, für die Dauer einer Nacht rasten.

Whymper hatte während dieser ganzen schrecklichen Zeit kein Wort gesprochen.

Ich wundere mich nicht, dass der Engländer die Sprache verlor über das, was er miterlebt und mitangesehen. Es mag wahr sein, dass die im schrecklichsten Moment eingetretene Selbsthilfe ein Recht und der Schnitt ins Seil nur eine Amputation war, welche das trennte, was bereits dem Tode verfallen war, und um diesen Preis das rettete, was noch auf den Füßen stand. Jedenfalls bleibt die Tat eine furchtbare, und ihre Verantwortung vor dem Gewissen muss, denke ich, einen Menschen fast von Sinnen bringen. Nun das Anlangen in Zermatt und das Auffinden der Leichen (diese waren so zerfetzt, dass man sich gar nicht getraute, sie ins Dorf zu bringen): Am folgenden Morgen, gegen elf, kamen die drei Überlebenden in Zermatt an. Nachforschungen nach den Leichen wurden angestellt, man sah die Verstümmelten, ein englischer Geistlicher, der zur Bergung mitkam, zog ein Gebetbuch aus der Tasche des Priesters Hudson, betete über die Toten den 90. Psalm und begrub sie, wo sie lagen. Die Leiche des jungen Douglas wurde nicht aufgefunden.

War der Riss des Seiles – wie es jetzt heißt – kein Zufall, dann, doch auch dann kann der Engländer sagen: Was wollt ihr? Mir blieb keine Wahl! Ich habe wie ein Feldherr gehandelt. Ich gab die auf, die uns alle in ihr eigenes Verderben zu reißen drohten, und habe durch eine Tat ruhiger Selbsthilfe noch zwei Leben außer dem meinen gerettet. Ich schenkte dem Vater den Sohn, dem Sohn den Vater. Was wollt ihr? Ohne mich lägen wir alle sieben in der Tiefe. Wohl gut, dass Hudson nicht sein Drahtseil mitgenommen hat!

Whymper ist in Interlaken vorbeigekommen. Leute, die ihn von früher kennen, wollen ihn ganz verstört und durch die Erinnerung jenes Tages wie geistig verwildert gefunden haben.

Die Schweizer Presse, die für die Führer einsteht, wird den Schnitt ins Seil leugnen und beim zufälligen Riss stehen bleiben. Jedenfalls ist diese Tragödie, die am Abgrund zwischen Schnee und Eis spielt, weit außerhalb der Domäne eines menschlichen Richteramtes zu sehen.

Dieser Bericht findet ein großes Echo. Der Artikel wird in anderen Zeitungen nachgedruckt, viel gelesen und diskutiert. Auch Carrel erfährt davon. Das Einzige, dem er zustimmt, ist der letzte Satz. Wie die Schweizer Presse nimmt er dezidiert Stellung gegen die Version vom Seilschnitt, weil er aus Whympers Originalbericht und den Aussagen der beiden Taugwalders nachvollziehen kann, dass ein Schnitt ins Seil mit dem Messer unter den gegebenen Umständen nie und nimmer möglich gewesen wäre.

Warum aber schweigt Whymper selbst zu diesem Vorwurf? Unwahrscheinlich, dass er weder von den Anschuldigungen Meissners noch von Kommentaren dazu in Kenntnis gesetzt wird. Er reagiert nicht darauf, und seine Strategie hat Erfolg. Statt Polemik in Zeitungen oder eine Strafverfolgung Meißners wegen Ehrverletzung anzuzetteln, dreht er in seinem Buch »Scrambles amongst the Alps«, das sechs Jahre nach der Matterhornkatastrophe erscheint und bis heute immer wieder aufgelegt wird, den Vorwurf um. Um Taugwalder belasten zu können, muss er ihn zunächst verteidigen:

Der alte Peter Taugwalder hat unter einer unverdienten Anklage zu leiden. Trotz seines wiederholten Ableugnens bleiben selbst seine Gefährten und Nachbarn in Zermatt bei der Behauptung, dass er das Seil, das ihn mit Lord Francis Douglas verband, durchgeschnitten habe. Ich antworte auf diese schändliche Beschuldigung, dass er dies im Augenblick des Ausgleitens gar nicht tun konnte und dass das in meinen Händen befindliche Seilende beweist, dass er es auch vorher nicht getan hat. In einer Fußnote geht Whymper zum Angriff über: *Die verdächtige Tatsache bleibt übrigens bestehen, dass das zerrissene Seil unser dünnstes und schwächstes war. Dies ist verdächtig, da keiner der vier Vordersten ein altes und schwaches Seil gewählt hätte, auch weil neues und stärkeres Seil im Überfluss vorhanden war, und weil nur Taugwalder, sollte er an einen Unfall gedacht haben, ein Interesse daran haben konnte, das schwächere Seil an dieser Stelle zu verwenden. Es würde mich freuen zu vernehmen, dass die Antworten auf die ihm gestellten Fragen bei der Vernehmung befriedigend ausgefallen sind. Seine Tat im kritischen Moment ist als Kraftakt nicht nur wundervoll, sondern auch im richtigen Moment getan.*

Ein gerissenes Seil als Symbol für die Verruchtheit der Bergsteiger? Ist es gerissen oder zerschnitten worden, lautet die Frage. Und wenn, von wem? Und warum? Lauter Rätsel für die Bürger in den Städten, eine Frage der Moral. Carrel aber geht es um die Praxis: *Bevor das Seil riss, hätte es niemand durchtrennen können, weder mit dem Messer noch mit der Haue des Pickels.* Nur eine böswillige Phantasie unterstellt Whymper oder Taugwalder oder beiden gemeinsam Selbstrettung durch Seilschnitt. Beide sind unschuldig. Whymper aber bleibt ein Leben lang damit beschäftigt, seine Verantwortung herunterzuspielen und Taugwalder damit zu beladen. Carrel wird ihm dies nie verzeihen.

Vater Taugwalder, der sich nicht wehren kann, schweigt über das Unrecht. In seinem Stolz getroffen, erwartet er auch von niemandem Hilfe. Whympers Selbstverteidigung hingegen, die Taugwalders Stillschweigen voraussetzt, spart die eigene Sorglosigkeit, mit der er sich in sein Matterhorn-Unternehmen gestürzt hat, völlig aus.

35

Es sind auffallend viele Herren der Aristokratie, reiche Söhne von Industriellen und auch eine Reihe geistlicher Herren, die sich zu Whympers Zeit für das Bergsteigen begeistern. Fühlen sich diese Pfarrherren von der Schönheit und Gewalt der Berge doch besonders angesprochen. Ob sie sich auf den Gipfeln dem Herrgott näher fühlen? Oder ist es das Schweigen der Berge, sind es diese stummen Mahner, die Jenseitsvorstellungen wecken? Die kritischen Fragen der Öffentlichkeit – was hat ein am Tod provoziertes Leben mit Vernunft zu tun? – beantworten sie nicht. Die moralische Dimension – ist so etwas überhaupt zulässig, ist es nicht sündhaft? – findet auch in Whympers Rechtfertigung seiner Matterhorn-Besteigung nur eine ausweichende Erklärung. Heroismus verbietet ihm die Antwort.

Trotzdem hat Whymper – zurück in England – am Anfang nichts als Ärger. Sein Traum, das Matterhorn zu »erobern« und im Alpine Club als Held gefeiert zu werden, ist nicht wahr geworden. Er steht als der einzige überlebende Engländer im Feuer der Kritik. Er war als Erster auf dem Gipfel, ja, aber Lord Douglas – in England ein Star – ist abgestürzt. Die halbe Seilschaft mit ihm. Wer ist verantwortlich für die Katastrophe? Nicht nur in Zeitungen wird Rechenschaft gefordert. Der eigenwillige Matterhornbezwinger, der alle Verantwortung auf Vater Taugwalder und die Absturzursache auf Hadow schiebt, bekommt von der Öffentlichkeit zunächst keine Absolution.

In einem verspäteten Antwortschreiben Whympers an den Geistlichen Richard Glover, der Whymper in einem Leserbrief verteidigt hat, wird sein Dilemma deutlich:

Dear Mr Glover,

Ihr Brief vom 31. Juli wurde mir von einem Freund nachgesandt, der ihn im Club Room gefunden hat. Bitte entschuldigen Sie dessen verspätete Beantwortung, aber ich werde von Briefen überhäuft. Menschen reden über die Belanglosigkeit irdischer Wünsche, und wir haben alle irgendeinmal gefühlt, dass sie trügerisch sind. Ich habe es noch nie so gespürt wie jetzt. Fünf Jahre lang habe ich vom Matterhorn geträumt, setzte viel Arbeit und Zeit dafür ein und habe es schließlich geschafft. Und jetzt kann ich seinen bloßen Namen nicht mehr leiden. Ich bin geneigt, die Stunde, in der ich das Matterhorn erblickte, zu verwünschen. Gratulationen zum Erreichen sind Verbitterung und Asche geworden, und das, was ich erhofft hatte, es würde Freude bereiten, brachte nur großen Schmerz. Es ist eine Lehre, die ich nie vergessen kann.

Ich sah Ihren Leserbrief kurz nach dessen Erscheinen in der Zeitung und fühle mich für Ihre Mühe, die Sie sich nahmen, mich bei den Leuten in ein vorteilhaftes Licht zu stellen, verbunden. Jedoch muss ich – ich bin sicher, Sie tun es auch – den Hinweis, den Sie über den armen Lord Douglas gemacht haben, richtigstellen. Einem besseren Wanderer und einem vielversprechenderen Bergsteiger bin ich nie begegnet. Wäre es nicht zu dieser fatalen Begegnung mit den anderen gekommen, wir hätten die Besteigung in voller Sicherheit ausführen können. Was für eine Serie von Zufällen das Leben doch bestimmt! Letztes Jahr war ich in Zermatt mit der Absicht, die gleiche Route wie dieses Jahr zu nehmen. Aus geschäftlichen Gründen jedoch war ich gezwungen abzureisen, ohne den Versuch zu wagen. Wären die Geschäfte nicht dazwischengekommen, ich hätte es damals schon geschafft, folglich hätten wir dieses schreckliche Unheil nicht zu beklagen. Hätten wir unser Abendessen am 12. nur eine halbe Stunde früher eingenommen, ich wäre Hudson und Hadow nicht begegnet, und das Unglück hätte vermieden werden können.

Soweit es mich persönlich betrifft, kann ich mich überhaupt nicht schuldig fühlen – außer, dass ich Hadow erlaubt habe mitzukommen; doch hätte ich gewusst, was passieren würde, ich glaube, ich hätte genau gleich gehandelt.

Mit freundlichen Grüßen,
Ed. Whymper

Reverend Robertson hat Whymper schon in Zermatt geraten, aus dem Unfall keinen Fall zu machen, also jeder Polemik auszuweichen. Am 27. August – inzwischen ist aus dem Skandal ein Delikt geworden – beklagt sich Whymper in einem Brief bei ihm:

Die Art und Weise, wie ich auf dem Heimweg von impertinenten Leuten verfolgt wurde, ist beispiellos. Ich hätte am Beschluss, den wir in Zermatt gefasst haben, festhalten sollen, wäre es möglich gewesen. Aber das ist es nicht; alles Mögliche an freundlichen Gerüchten wird angeboten, und der viele dumme Unsinn, welcher geschrieben wurde, verlangt es, dass ich dagegen anschreibe. Nachdem ich zwei Briefe von Wills erhalten hatte, mit denen er mich zu schreiben aufforderte, sowie zwei vom Verlag der Times und eine Anzahl andere von Fremden, deren Meinung ich mehr oder weniger schätze, gab ich nach.

36

Sir, nach den dringlichen Aufforderungen seitens des Präsidenten des Alpine Club als auch Ihrerseits, einen Bericht über den Unfall am Matterhorn zu schreiben, kann ich nicht länger schweigen und übermittle Ihnen – zur Veröffentlichung – eine nüchterne Darstellung des Unfalls selbst und der vorangegangenen und darauf folgenden Ereignisse. So beginnt Whymper sein Schreiben an den Herausgeber der Times. Im nachfolgenden Bericht – abgedruckt am 8. August 1865 – schildert er das Unglück am Matterhorn erstmals ausführlich und aus seiner Sicht.

Am Morgen des Mittwoch, 12. Juli, überquerten Lord Francis Douglas und ich den Col Théodule, um in Zermatt Bergführer zu finden. Nachdem wir auf der Nordseite den Schnee hinter uns gelassen hatten, umrundeten wir den Fuß des Gletschers, querten den Furggengletscher und ließen mein Zelt, die Seile und anderes in der kleinen Kapelle am Schwarzsee zurück. Wir stiegen dann nach Zermatt ab, engagierten Peter Taugwalder und überließen es ihm, einen weiteren Führer auszuwählen. Im Lauf des Abends kam der Reverend Charles Hudson mit einem Freund, Mr Hadow, in unser Hotel, und sie bekundeten auf unsere Fragen hin ihre Absicht, am nächsten Morgen das Matterhorn in Angriff zu nehmen. Lord Francis Douglas war der gleichen Meinung wie ich – dass es nicht wünschenswert sei, zwei getrennte Gruppen zur gleichen Zeit und mit dem gleichen Ziel am Berg zu haben. Mr Hudson wurde also eingeladen, sich uns anzuschließen, und er nahm unseren Vorschlag an. Ehe ich auch Mr Hadow akzeptierte, fragte ich zur Vorsicht, was er in den Alpen schon unternommen habe, und soweit ich mich erinnere, erwiderte Hudson: ›Mr Hadow hat den Mont Blanc in kürzerer Zeit als die meisten bestiegen.‹ Er führte dann mehrere andere Exkursionen an, die mir unbekannt waren, und fügte in Beantwortung einer weiteren Frage hinzu: ›Ich bin der Meinung, er ist gut genug, um mit uns zu kommen.‹ Das war ein ausgezeichnetes Zeugnis, da es von einem erstklassigen Bergsteiger kam, und Mr Hadow wurde ohne weitere Fragen in unserer Par-

tie akzeptiert. Anschließend besprachen wir die Frage der Bergführer. Hadow und Hudson hatten Michael Croz dabei, und Hudson meinte, wenn auch Peter Taugwalder mitkommt, bräuchte es niemand weiteren. Die Frage wurde an diese beiden Männer selbst weitergegeben, und sie hatten keinen Einwand.

Wir verließen Zermatt am Donnerstagmorgen um 5 Uhr 35; die beiden Taugwaldersöhne kamen auf Wunsch ihres Vaters als Träger mit. Sie transportierten genügend Vorräte für die ganze Gruppe für drei Tage, falls sich der Aufstieg als schwieriger als erwartet herausstellen sollte. Seil nahmen wir von Zermatt keines mit, weil in der Kapelle am Schwarzsee mehr als genug vorhanden war. Es wurde immer wieder die Frage gestellt, warum das Drahtseil, das Mr Hudson nach Zermatt mitgebracht hatte, nicht mitgenommen wurde. Ich weiß es nicht; Mr Hudson hat es nicht erwähnt, und ich habe es nie zu Gesicht bekommen. Während der Expedition wurden ausschließlich meine Seile verwendet: Wir hatten erstens ein etwa zweihundert Fuß langes Clubseil; zweitens etwa hundertfünfzig Fuß eines Seiles, das meiner Meinung nach noch stärker war als das erste; drittens mehr als zweihundert Fuß eines leichteren und schwächeren Seiles als das erste, wie ich es selbst verwendete, ehe das Clubseil aufkam.

Es war unsere Absicht, als wir Zermatt verließen, den Berg ernsthaft in Angriff zu nehmen, nicht, wie häufig behauptet wurde, ihn zu erkunden oder zu erforschen. Wir hatten auch alles dabei, was wir aufgrund unserer langjährigen Erfahrung für die schwierigsten Gipfel als notwendig erachteten. Am ersten Tag wollten wir allerdings nicht in große Höhen vorstoßen, sondern anhalten, sobald wir einen guten Platz für das Zelt gefunden hatten. Wir stiegen also recht gemächlich bergan; verließen den Schwarzsee um 8 Uhr 20, folgten dem Grat, der das Hörnli mit dem eigentlichen Gipfel verbindet, und erreichten dessen Fuß nach häufigen Unterbrechungen auf unserem Weg um 11 Uhr 20. Wir verließen dann den Grat, wandten uns nach links und stiegen über die Nordostflanke auf. Vor 12 Uhr hatten wir bereits auf einer Höhe von elftausend Fuß einen guten Platz für das Zelt gefunden; aber Croz und der ältere der Taugwaldersöhne gingen weiter, um zu sehen, wie das Gelände weiter oben aussah. Die Erkundung sollte am nächsten Morgen Zeit sparen. Die anderen schichteten die Plattform für das Zelt, und als dieses aufgebaut war, kamen die Männer zurück. Sie berichteten erfreut, dass – soweit sie gekommen waren – alles gut aussah; meinten, dass wir, wären wir mit ihnen gegangen, am gleichen Tag noch den Berg bezwingen und sicher zum Zelt hätten zurückkehren können. Ich verbrachte die restlichen Stunden Tageslicht mit Zeichnen, die anderen saßen in der Sonne. Als sie unterging und der Sonnenuntergang einen herrlichen nächsten Tag versprach, kehrten wir zum Zelt zurück, um uns für die Nacht einzurichten. Hudson kochte Tee, ich Kaffee, und dann zogen wir uns in unsere Decken zurück. Die Taugwalders, Lord Francis Douglas und ich selbst schliefen im Zelt, die anderen zogen es vor, im Freien zu bleiben. Noch tief ins Dunkel der Nacht hinein hallten unser Lachen und die Lieder der Bergführer von den Felsen über uns wider. Wir waren glücklich im Lager, und ich träumte vom Gipfel, nicht von Unheil.

Am Morgen des 14. waren wir lange vor Tagesanbruch wach und brachen auf, sobald es möglich war. Den jüngeren von Taugwalders Söhnen ließen wir im Lager zurück. Um 6 Uhr 20 hatten wir die Höhe von zwölftausendachthundert Fuß erreicht und rasteten eine halbe Stunde. Dann kletterten wir ohne weitere Rast bis 9 Uhr 55, als wir, wahrscheinlich auf etwa vierzehntausend Fuß, fünfzig Minuten Pause einlegten. Bis dahin waren wir die Nordostflanke des Berges emporgeklettert, ohne auf irgendwelche Schwierigkeiten zu stoßen. Für den größten Teil des Weges war nicht einmal ein Seil erforderlich, und manchmal ging Hudson, manchmal ich selbst voraus. Wir waren jetzt am Fuß jenes Aufschwungs angelangt, der von Zermatt aus senkrecht oder überhängend erscheint, konnten also nicht weiter auf dieser Seite bleiben. Auf gemeinsamen Beschluss hin stiegen wir deshalb ein Stück weit über jenen Grat nach oben, der nach Zermatt weist, und querten dann nach rechts, auf die Nordwestseite. Vorher änderten wir unsere Reihenfolge: Croz führte jetzt, ich folgte, Hudson kam als Dritter und als Letzte Hadow und der alte Taugwalder. Dies, weil der Anstieg eine Zeitlang schwierig und Vorsicht geboten war.

Wo sind Lord Douglas und der junge Taugwalder? Vergisst Whymper sie in seiner Aufregung? Vielleicht, aber sie sind natürlich dabei.

An manchen Stellen gab es wenig Halt, und daher sollten jene vorne sein, die am wenigsten leicht ausrutschen würden. Die Neigung des Hangs war hier weniger als vierzig Grad, daher hatte sich Schnee angesammelt, der die Unebenheiten der Felsen füllte und nur hier und da einige vor-

springende Stellen frei ließ. Diese waren teilweise von einer dünnen Eisschicht überzogen, Wassereis aus geschmolzenem Schnee, der über Nacht wieder gefroren war. Dennoch, jeder halbwegs gute Alpinist konnte diese Passage sicher bewältigen. Wir stellten allerdings fest, dass der junge Howard Hadow an diese Art von Kletterei nicht gewöhnt war und ständig Hilfe brauchte; aber niemand schlug vor, dass er zurückbleiben sollte, und er wurde bis zum Gipfel mitgenommen. Es muss gesagt werden, dass die Schwierigkeiten, die Mr Hadow an dieser Stelle hatte, nicht das Ergebnis von Ermüdung oder fehlendem Mut waren, sondern schlicht und einfach von mangelnder Übung. Mr Hudson, der hinter mir war, bewältigte diese Passagen – und soweit ich weiß den gesamten Aufstieg –, ohne irgendwann auch nur die kleinste Hilfestellung zu brauchen. Gelegentlich, wenn Croz mir die Hand gegeben oder mich emporgezogen hatte, drehte ich mich um, um meinerseits Hudson zu helfen, aber er lehnte das immer ab und meinte, es sei nicht nötig. Die einzig wirklich schwierigere Stelle war nicht sehr lang, sicher nicht mehr als dreihundert Fuß, danach wurde das Gelände zum Gipfel hin immer weniger steil, und am Schluss war die Steigung mäßig, so dass Croz und ich uns von den anderen losmachten und zum Gipfel rannten. Wir kamen um 1 Uhr 40 nachmittags an, die anderen etwa zehn Minuten nach uns.

Man hat mich gebeten, vor allem den Zustand unserer Gruppe auf dem Gipfel zu beschreiben. Keiner zeigte Anzeichen von Erschöpfung, ich hörte auch nichts, was mich annehmen ließ, dass jemand müde sei. Ich erinnere mich, dass Croz mich auslachte, als ich ihm diese Frage stellte.

Wir waren nicht einmal zehn Stunden unterwegs gewesen und hatten während dieser Zeitspanne fast zwei Stunden gerastet. Die einzige Bemerkung, die irgendwie Gefahr andeutete, kam von Croz, aber es war ganz nebenbei gesagt und hatte wahrscheinlich nichts zu bedeuten. Er sagte, auf meine Feststellung, dass wir sehr langsam aufgestiegen waren, ›Ja, ich würde auch lieber mit Ihnen und einem anderen Führer allein absteigen als mit all denen, die noch dabei sind.‹ Wir besprachen schon, was wir am Abend nach unserer Rückkehr in Zermatt machen wollten.

Wir blieben eine Stunde auf dem Gipfel, und während dieser Zeit berieten Hudson und ich – wie wir es schon den ganzen Tag gemacht hatten –, wie wir am sichersten wieder hinunterkämen. Wir vereinbarten, dass es wohl am besten wäre, Croz als Stärksten vorausgehen zu lassen, Hadow sollte als Zweiter folgen. Hudson, der genauso trittsicher war wie ein Bergführer, wollte als Dritter gehen, dann kam Lord Douglas und hinter ihm Taugwalder Vater, der Stärkste von den übrigen. Ich schlug Hudson vor, bei der schwierigen Passage ein Seil an Felszacken zu befestigen, um uns – als zusätzliche Vorsichtsmaßnahme – daran anhalten zu können. Er fand die Idee gut, es wurde aber nicht definitiv beschlossen, so zu handeln. Die Gruppe wurde in der besprochenen Reihenfolge angeordnet, während ich noch eine Zeichnung vom Gipfel anfertigte. Die anderen warteten darauf, dass auch ich mich anhängte, als jemandem einfiel, dass wir vergessen hatten, unsere Namen am Gipfel in einer Flasche zu hinterlegen. Sie baten mich, dies zu erledigen, und setzten sich derweil in Bewegung. Ich holte sie ein, als sie gerade dabei waren, den Abstieg über die schwierige Passage zu beginnen. Einige Minuten später seilte ich mich an den jungen Taugwalder an und folgte. Es wurde mit größter Vorsicht vorgegangen. Immer nur einer stieg ein Stück weit ab, und erst, wenn dieser einen sicheren Stand hatte, folgte der Nächste. Immer so weiter. Der durchschnittliche Abstand zwischen den Männern betrug wahrscheinlich zwanzig Fuß. Das zusätzliche Seil wurde allerdings nicht an Felsen festgemacht, es wurde weiter auch nicht erwähnt. Die Vorsichtsmaßnahme war nur wegen Hadow bedacht worden, aber ich bin mir nicht sicher, ob ich selbst noch daran dachte.

Ich war, wie ich schon erklärt habe, zuerst nicht mit den anderen am Seil und folgte ihnen; aber nach etwa einer Viertelstunde bat mich Lord Douglas, mich an den alten Taugwalder anzuseilen, weil er, wie er sagte, fürchtete, dass Taugwalder ihn nicht würde halten können, wenn er ausrutschte. Das geschah also, kaum zehn Minuten vor dem Unfall, und rettete zweifellos Taugwalder das Leben.

Soweit ich mich erinnere, bewegte sich gar keiner im Augenblick des Unglücks. Mit Sicherheit kann ich es allerdings nicht sagen, auch die Taugwalders nicht, weil die beiden Vorangehenden teilweise durch einen Felsblock zwischen uns verdeckt waren. Der arme Croz hatte seinen Pickel beiseitegelegt, und um Mr Hadow mehr Sicherheit zu geben, griff er nach seinen Beinen und setzte seine Füße einen nach dem anderen an die richtigen Stellen. Aus den Bewegungen ihrer Schultern schloss ich, dass Croz das soeben gemacht hatte und sich gerade umdrehte, um selbst einen oder zwei Schritte abzusteigen, als Hadow ausrutschte, auf ihn fiel und ihn umwarf. Ich hörte einen Schreckensschrei von

Croz, dann sah ich ihn und Mr Hadow stürzen; einen Moment später wurde Hudson aus seinem Stand gerissen und unmittelbar nach ihm Lord Douglas. All das dauerte einen Augenblick; sofort als wir Croz' Aufschrei hörten, stemmten Taugwalder und ich uns so fest wie nur möglich an die Felsen, das Seil zwischen uns war gespannt, und der Ruck traf uns beide gleichzeitig wie einen Mann. Wir konnten uns halten, aber das Seil zwischen Taugwalder und Lord Douglas riss in der Mitte. Zwei oder drei Sekunden lang sahen wir unsere unglücklichen Kameraden auf dem Rücken nach unten rutschen und ihre Hände ausstrecken im Versuch sich zu retten; dann verschwanden sie einer nach dem anderen und stürzten über einen Felsabbruch bis auf den Matterhorn-Gletscher hinunter – über eine Höhe von fast viertausend Fuß. Von dem Moment an, als das Seil riss, war es unmöglich, ihnen zu helfen.

Der Augenblick, in dem das Seil reißt, verändert Whympers Leben für immer. Eben erst in die Seilschaft eingebunden, ist er immer noch euphorisch. Er hat das Matterhorn bestiegen! Aus dieser Art Verträumtheit reißt ihn der Schrei von Croz, sein Blick stürzt aus dem Himmel in den Abgrund und mit den fallenden Kameraden ins Nichts. Es ist nur ein Augenblick, und er selbst scheint zu stürzen. Dieser Augenblick – als wäre er in der Schwebe zwischen Himmel und Erde – wird sein Trauma.

Eine halbe Stunde blieben wir an Ort und Stelle, ohne uns auch nur einen Schritt zu rühren. Die beiden Führer waren vor Schreck gelähmt, weinten wie Kinder und zitterten so sehr, dass auch uns das Schicksal wie den anderen drohte. Sobald wir zu einer sicheren Stelle abgestiegen waren, fragte ich nach dem gerissenen Seil und stellte zu meiner Überraschung, ja, zu meinem Entsetzen fest, dass es das schwächste der drei Seile war. Da die ersten Männer sich anseilten, während ich noch zeichnete, hatte ich nicht gemerkt, welches Seil sie verwendeten, und ich konnte jetzt nur schließen, dass sie es für geeignet gehalten, den beiden anderen Seilen vorgezogen hatten. Es ist behauptet worden, dass das Seil riss, weil es über den Fels scheuerte, aber das ist nicht der Fall. Es riss mitten in der Luft, und das Ende zeigte keinerlei Anzeichen vorheriger Beschädigung.

Mehr als zwei Stunden lang dachte ich in jedem Augenblick, der nächste würde mein letzter sein; denn die Taugwalders, völlig mit den Nerven am Ende, waren nicht nur unfähig zu jeglicher Hilfestellung, sondern auch in einem so schlechten Zustand, dass man jeden Augenblick ein Ausrutschen des einen oder anderen zu gewärtigen hatte. Und ich tue dem Jüngeren nicht unrecht, wenn ich sage, dass er, sobald wir zum leichten Teil des Abstiegs kamen, imstande war zu lachen, zu rauchen und zu essen, als ob nichts geschehen wäre. Es gibt keinen Anlass, mehr über den Abstieg zu sagen. Ich hielt immer wieder an, wenn auch vergeblich, um Ausschau nach Spuren meiner unglücklichen Kameraden zu halten. Wir wurden deshalb von der Nacht überrascht, als wir immer noch auf einer Höhe von drei-

zehntausend Fuß waren. Wir erreichten Zermatt am Samstagmorgen um 10 Uhr 30.

Unmittelbar nach meiner Ankunft schickte ich eine Botschaft an den Präsidenten der Gemeinde und bat ihn, so viele Männer wie möglich so hoch hinauf zu schicken, dass sie die Stelle überblicken konnten, wo die vier meines Wissens liegen mussten. Einige stiegen auf, kamen nach sechs Stunden zurück und berichteten, dass sie die Toten gesehen hatten. An diesem Tag könne man sie aber nicht mehr erreichen. Sie schlugen vor, am Sonntagabend aufzubrechen, um die Abgestürzten am Montag bei Tagesanbruch zu bergen; aber um auch nicht die geringste Chance ungenutzt zu lassen, beschlossen Rev. J. McCormick und ich, schon am Sonntagmorgen aufzubrechen. Die Bergführer von Zermatt, denen die Exkommunikation drohte, wenn sie nicht zur Frühmesse gingen, konnten uns also nicht begleiten. Zumindest für einige – ich bin mir ziemlich sicher – war dies eine wirklich harte Probe; sie versicherten mir unter Tränen, dass nur der eben angeführte Grund sie davon abhielt mitzukommen. Rev. J. Robertson und Mr J. Phillpotts von Rugby hingegen überließen uns nicht nur ihren Führer, Franz Andermatten, sondern begleiteten uns sogar selbst. Mr Puller stellte uns die Brüder Lochmatter zur Verfügung, und F. Payot und J. Tairraz von Chamonix boten sich ebenfalls an. Ich startete mit all diesen Leuten am Sonntag um zwei Uhr früh und folgte der Route, die wir am Donnerstagmorgen eingeschlagen hatten, bis wir das Hörnli hinter uns hatten. Dann stiegen wir rechts vom Grat ab und über die Randspalten wieder hinauf zum Matterhorngletscher. Um 8 Uhr 30 hatten wir das Plateau am oberen Ende er-

reicht und waren in Sichtweite der Stelle, an der wir meine Kameraden wussten. Als wir sahen, wie ein wettergegerbter Mann nach dem anderen das Fernrohr ans Auge hob, totenbleich wurde und es wortlos an den nächsten weiterreichte, wussten wir, dass es keine Hoffnung mehr gab. Wir gingen näher. Sie lagen unten in der gleichen Anordnung, wie sie oben gestürzt waren: Croz weiter vorne, Hadow nahe bei ihm und Hudson in einigem Abstand dahinter; nur von Lord F. Douglas war nichts zu sehen. Zu meinem Erstaunen sah ich, dass alle drei mit dem Clubseil, dem zweiten der genauso starken Seile, angeseilt waren. Es gab nur eine Verbindung – die zwischen Vater Taugwalder und Lord F. Douglas –, wo das schwächste der drei Seile verwendet worden war.

Die Briefe von Rev. J. McCormick haben Sie [den Herausgeber der Times] von den darauf folgenden Geschehnissen in Kenntnis gesetzt. Die Anordnung der Regierung des Wallis, die Leichen zu bergen, war so eindeutig, dass schon vier Tage nach den geschilderten Ereignissen einundzwanzig Bergführer diese traurige Aufgabe erfüllten. Der Dank aller Engländer gilt diesen tapferen Männern, denn es war mit nicht weniger Schwierigkeiten und großer Gefahr verbunden. Vom Leichnam von Lord F. Douglas konnten auch sie nichts sehen – er blieb wahrscheinlich in den Felsen oberhalb hängen. Niemand könnte seinen Verlust mehr und aufrichtiger betrauern als ich; trotz seiner Jugend war er ein hervorragender Alpinist, brauchte kaum je auch nur die geringste Hilfe und hatte den ganzen Tag keinen einzigen Fehltritt getan. Erst einige Tage vor unserem Zusammentreffen hatte er das Gabelhorn bestiegen – einen, wie ich glaube, viel schwierigeren Gipfel als das Matterhorn selbst.

Ich wurde bis zum 22. Juli in Zermatt aufgehalten, um die von der Regierung angeordnete Untersuchung abzuwarten. Ich wurde als Erster befragt und übergab anschließend dem Gericht eine Reihe von Fragen, von denen ich wünschte, dass man sie dem alten Taugwalder vorlegte. Dies deshalb, weil mich keinesfalls zufriedenstellte, was ich über das Seil herausgefunden habe. Die Fragen, so sagte man mir, wurden gestellt und beantwortet, ehe ich Zermatt verließ, aber es wurde mir nicht gestattet, bei der Anhörung dabei zu sein, und obwohl versprochen, haben mich die Antworten noch nicht erreicht.

Dies, Sir, ist das Ende dieser traurigen Geschichte. Ein einziger Ausrutscher oder ein falscher Schritt war die alleinige Ursache dieser schrecklichen Tragödie. Sie hat unvergessliches Leid gebracht. Ich möchte nur noch eine Beobachtung hinzufügen. Wenn das Seil nicht gerissen wäre, hätten Sie diesen Brief wahrscheinlich nicht erhalten, denn wir hätten unmöglich alle vier Männer halten können, so, wie sie gefallen sind: alle gleichzeitig und mit einem heftigen Ruck. Ich glaube aber auch, dass es keinen Unfall gegeben hätte, wenn das Seil zwischen denen, die gestürzt sind, so straff oder annähernd so straff gespannt gewesen wäre wie das Seil zwischen mir und Taugwalder. Das Seil bietet beträchtliche Sicherheit, wenn man es richtig einsetzt; ob am Fels oder auf Schnee oder auf dem Gletscher: Wenn zwei Männer sich näher kommen, so dass das Seil durchhängt, dann stellt das eine Gefahr für die ganze Seilschaft dar; denn wenn einer rutschen oder fallen sollte,

kann er, bevor er gehalten werden kann, solche Beschleunigungskräfte entwickeln, dass es einen nach dem anderen mitreißt. Zuletzt bringt es Zerstörung über alle. Wenn das Seil aber gespannt bleibt, ist das praktisch unmöglich.
Ich verbleibe, Sir, mit vorzüglicher Hochachtung,
Edward Whymper
Haslemere, 7. August

Dieser Bericht liest sich wie eine einzige Entschuldigung. Es ist Whympers gelungener Versuch, die Tatsachen in Nuancen zu seinen Gunsten zu schönen, um so alle Verantwortung verweigern zu können und die Schuld bei den Taugwalders abzuladen. Einige Passagen sind auch unglaubwürdig: Hätte Vater Taugwalder nach der Katastrophe, die den jungen Whymper mehr als erschüttert haben muss, nicht Ruhe bewahrt und den Abstieg gesichert, wäre Whymper beim Abstieg überfordert gewesen. Die beiden Führer wussten schon beim Aufstieg, dass die Möglichkeiten der Sicherung beim Abklettern begrenzt sein würden. Sicher, Croz hätte nicht vorausklettern dürfen, wie aber hätte er seine Schützlinge vom Berg wieder hinunterbringen sollen? Vor allem den Kletterneuling Hadow.

37

MEHR ALS FÜNFZIG JAHRE SPÄTER, als der damals junge Peter Taugwalder – inzwischen fünfundsiebzig Jahre alt – die Erstbesteigung des Matterhorns aus seiner Sicht schildert, ist es zu spät, das Unrecht, das sein Vater ertragen hat, gutzumachen. Sohn Taugwalder hat seine Geschichte Theophil Lehner erzählt, und dieser hat sie nachvollziehbar und lebensnah aufgeschrieben.

Ich kann mich an viele Dinge so gut erinnern, als wären sie gestern erst passiert. Der Eindruck, den das fürchterliche Unglück bei mir hinterließ, war wirklich so stark, dass ich es nie vergessen werde, solange ich lebe.

Es war in der ersten Hälfte Juli des schon erwähnten Jahres, als der jugendliche Lord Douglas nach Zermatt kam und in Begleitung meines verstorbenen Vaters verschiedene Kletterpartien machte, unter anderm die Erstbesteigung des Obergabelhorns. Er beabsichtigte, auch die Besteigung des Matterhorns zu versuchen. In diesen Tagen, etwa am 10. oder 11. Juli, erschien dann der Chamonixer Bergführer Michel Croz im Hotel Monte Rosa, in Begleitung der Engländer Hadow und Hudson, in der Absicht, das Matterhorn zu bezwingen; Whymper mittendrin; woraufhin Lord Douglas und sein Bergführer, mein Vater, beschlossen, sich ihnen anzuschließen.

Zu jener Zeit war ich in der Tat sehr jung, und der erste Flaum begann auf meiner Oberlippe zu wachsen; aber ich hatte genug Mut, um zu fühlen, dass kein Felsen zu hoch, kein Gletscher zu steil für mich war. Mit gerade einmal sechzehn hatte ich den Monte Rosa gemacht: mit drei englischen Studenten und meinem Vater. Er hatte nicht gewollt, dass ich mitkomme, denn er befürchtete, es würde für mich zu kalt sein. Der Monte Rosa ist ein berüchtigt kalter Berg, und viele haben sich daran immer wieder erfrorene Zehen geholt. Aber ich bestand darauf mitzugehen, denn ich war es ja, der die drei Studenten anlässlich eines Ausfluges auf den Gornergrat überredet hatte, die Besteigung zu unternehmen; deshalb waren sie gleichsam meine Kunden, und ich sagte meinem Vater, wenn er die Besteigung nicht unternehmen wolle, werde ich einen anderen Bergführer nehmen, um uns anzuführen. Der langen Rede kurzer Sinn, ich ging mit, und es war ein großer Erfolg; allein schon meine Freude hätte mich auf diesen Gipfel geführt.

Um zum eigentlichen Thema zurückzukommen: Ich war 1865 in den Bergen kein Neuling mehr, denn bis dahin hatte ich das Breithorn und ein paar andere Besteigungen gemacht; und so schlug ich meinem Vater vor, mich aufs Matterhorn mitzunehmen. Sein Plan war es, zwei andere Bergführer anzustellen und zwei Seilschaften zu bilden, aber dies gefiel Herrn Hudson nicht, der unbescheiden dachte, er und seine Gefährten seien besser als die Bergführer.

Am Morgen des 13. Juli holten wir den benötigten Proviant im Hotel Monte Rosa, etwa um neun Uhr machten wir uns auf den Weg. Das Wetter war wunderbar; das Matterhorn, völlig schneefrei, hieß uns in der Morgensonne lächelnd willkommen. Wir aßen das Mittagessen auf dem Hörnli. Die Aussicht war prächtig. Überall um uns herum standen die großen Gipfel in all ihrer Majestät; über dem Grün des Tales drängten sich die dunklen Föhren, bis zum Rand des ewigen Eises. Mein Herz war aus Vorfreude erregt, ich konnte den nächsten Morgen kaum erwarten. Als wir den Fuß des Matterhorns erreichten, stellten wir unsere Zelte auf und campierten. Mit Croz stieg ich noch ein gutes Stück höher, etwa zu dem Punkt, wo sie später das sogenannte ›Alte Refugium‹ bauten; alles verlief glänzend, und wir hatten nicht die geringste Schwierigkeit. Wir gingen zu unsern Gefährten zurück mit der guten Nachricht, dass der Weg leicht sei; freuten uns an einer guten Suppe, die in der Zwischenzeit gebraut worden war. Dann legten wir unsere Häupter auf unsere Rucksäcke. Ich schlief einen Engelsschlaf.

Die ganze Nacht lang träumte ich, daß ich auf der Spitze des Matterhorns stehe und einen Jodler ins Tal sende, laut genug, um in Zermatt gehört zu werden. Dann war ich plötzlich allein auf dem Gipfel. Ich konnte die andern nirgends sehen, und das Entsetzen weckte mich auf. Es war etwa zwei Uhr morgens, und auch die andern begannen sich zu regen. Wir brauten etwas Tee und brachen zum Angriff auf unseren riesengroßen Gipfel auf. Wir haben uns natürlich sofort angeseilt: Croz führte, gefolgt von Hudson, Whymper und Hadow, dann mein Vater, Lord Douglas und ich. Um etwa drei Uhr morgens begann es zu dämmern, der östliche Himmel schien bald wie pures Gold. Nicht eine einzige Wolke war sichtbar; die einzigen hörbaren Laute waren die Schritte von sieben begeisterten Kletterern und das Geklapper der Eispickel am Fels.

Wir folgten derselben Linie, die Croz und ich am Abend

vorher ausgekundschaftet hatten. Alles lief ausgezeichnet. Bis oberhalb der Stelle, wo heute das ›Alte Refugium‹ steht. Von da an wurden die Schwierigkeiten größer, alle aber waren guten Mutes, und es gelang uns, ziemlich schnell Höhe zu gewinnen. Etwa hundertfünfzig Fuß oberhalb der Stelle, wo nun das ›Solvay Refugium‹ steht, ruhten wir uns aus und aßen etwas, um neue Kräfte zu gewinnen. Dann nahmen wir die Schulter in Angriff, über die Croz, aufwärtssteigend, Stufen schlug. Aber Douglas, vor mir, hatte große Mühe, seine Füße in die Stufen zu setzen, und verschiedene Male rutschte er aus. Fast die ganze Zeit hielt ich seine Beine mit meinen Händen fest in den Stufen. Endlich waren wir auf der Schulter. Genau auf der Spitze, wo heute die Seile beginnen, ließen wir unsere Rucksäcke und den Proviant zurück. Wir berieten uns über die Route, der zu folgen war, über den schwierigsten Teil der Kletterei. Alle wussten, dass es darüber wieder leichter sein würde, wenn wir über das Dach kamen. Es war Croz, der jetzt die Entscheidung traf, zur Nordwestflanke zu queren. Er meinte, wir sollten in die sogenannte Schattenseite (›in d' Lätzi‹) hinüberwechseln. Wir fanden sie fast schneefrei; da waren kleine Felsleisten, ein oder zwei Zoll breit, und wir kletterten hinauf, indem wir sie als Stufen benutzten, wobei der Berg sechstausend Fuß unter uns fast noch steiler als senkrecht abfiel. Keine Worte fielen, als wir – alle vorsichtig und angespannt – weiterkletterten. Alle waren wir uns des Ernstes der Situation bewusst.

Es bedurfte nur des Versagens eines einzigen Handgriffs oder eines Fehltritts, und wir wären in Stücke gerissen, zerschmettert unten auf dem Gletscher gelegen. Ich war jung und behend und kletterte wie eine Katze; so hatte ich immer Zeit, die andern zu beobachten und für Lord Douglas die Füße zu halten. Er war kein guter Kletterer. Langsam aber machten wir unsern Weg aufwärts. Endlich waren wir oberhalb des Daches, um zirka zwei Uhr haben wir die Spitze erreicht.

Wir blieben nicht lange. Mein Herz war so leicht, dass ich auf Schwingen hätte fliegen können, weit weg und über die Berge, der Himmel weiß wohin – vielleicht hinab zu meinem Schätzchen in Zermatt. Dann bereiteten wir uns für den Abstieg vor. Whymper (sic!) wechselte nun den Platz mit Lord Douglas und war nun genau vor mir am Seil. Croz führte immer noch; und so kletterten wir langsam über das Dach, etwa an der Stelle, wo man auch heute noch absteigt. Unten angelangt, querten wir zur Nordwestflanke, einem Felsenband entlang. Wir bewegten uns sehr langsam und mit größter Vorsicht, denn der Abstieg war viel schwieriger als der Aufstieg. So kamen wir zum Ende der Felsbänder, und Croz begann, mit den drei über ihm die Nordwand hinabzuklettern. Von Zeit zu Zeit befestigte mein Vater das Seil an einem Felsvorsprung, um die Seilschaft unter ihm beim Hinabsteigen zu sichern. Plötzlich schossen diese vier wie eine kleine Wolke in die dünne Luft. Das Seil riss, als wäre es ein Stück Schnur, und die vier jungen Männer waren nicht mehr zu sehen. Alles ging so schnell wie ein Blitzleuchten. Niemand stieß einen Laut aus. Sie verschwanden im furchtbaren Abgrund, augenblicklich.

Kann man sich vorstellen, wie uns zumute war? Eine Weile konnten wir uns kaum bewegen, so erschrocken waren wir. Dann endlich versuchten wir weiter abzusteigen,

Whymper aber zitterte so heftig, dass er kaum fähig war, einen sicheren Schritt abwärts zu tun. Mein Vater kletterte jetzt voraus, kehrte sich ständig um, um Whympers Füße auf die spärlichen Felsleisten zu stellen. Auch mussten wir immer wieder anhalten, um uns auszuruhen, denn nicht nur unsere Stimmung war gedrückt. Dann bewegten wir uns wieder ganz langsam und erreichten endlich, völlig erschöpft, die Schulter. Wir versuchten zu essen, ein wenig nur, fanden es aber schwer, auch nur einen Bissen zu schlucken; wir fühlten uns elend, so als wären unsere Kehlen mit einem Seil zugeschnürt. Kein Wunder, weit unten, wussten wir, liegen unsere vier armen Kameraden auf dem kalten Gletschereis. Wenn nur der gute Mr Douglas seinen Platz nicht gewechselt hätte, dachte ich, wäre er und nicht Whymper unversehrt geblieben; gewiss wäre er uns ein besserer und treuerer Freund gewesen als dieser Mann namens Whymper, der die ganze Zeit unnahbar und fern gewesen war und so blieb, obwohl wir sein Leben gerettet haben. Ohne uns wäre auch er umgekommen. Zweifellos! Später hat er sich als Held der Seilschaft ausgegeben und eine Reihe Geschichten erzählt, die nicht der Wahrheit entsprechen. Ich jedenfalls sah keines der drei Kreuze, welche er behauptet am Himmel gesehen zu haben. Auch verschiedene Ausdrücke, die er uns in den Mund legte, sind völlig aus der Luft gegriffen. Auf keinen Fall konnte Whymper irgendetwas von dem verstanden haben, was wir sagten. Wenn man bedenkt, dass er kein Wort Deutsch verstand und dass mein Vater außer dem in Zermatt gesprochenen deutschen Dialekt keine Sprache sprach, wie will er unsere Dialoge wiedergeben?

Aber kehren wir zum Abstieg zurück. Wir holten die Rucksäcke und erreichten langsam und mit großer Schwierigkeit einen schneefreien Platz unterhalb der Schulter, wo wir absitzen konnten. Wir verbrachten die Nacht in sitzender Stellung. Gegen Sonnenaufgang wurde es ziemlich kalt, obwohl die Temperatur in diesen Tagen im Allgemeinen mild gewesen war. Sobald genug Tageslicht war, fuhren wir mit unserem Abstieg fort. Wir stießen auf keine Schwierigkeiten mehr. Als wir wieder in Bewegung waren, wurde uns warm, und wir erlangten schnell wieder unsere Behendigkeit. Zermatt erreichten wir erst gegen drei Uhr.

Dort angelangt, gingen wir direkt zu Papa Seiler ins Monte Rosa und erzählten von den tragischen Folgen der Besteigung. Sofort wurden Vorkehrungen getroffen, um die Reste derjenigen, die so dramatisch gestorben waren, zu bergen. Es war Samstag, und weil sie alle unzweifelhaft tot waren, bestand kein Grund, noch in der Nacht aufzubrechen, so wartete die Suchgruppe die Morgendämmerung ab. Ich konnte nicht mitgehen; litt ich doch zu sehr an einem Schock. Mein Vater konnte auch nicht.

Der Suchtrupp fand unsere armen Freunde auf dem Gletscher liegend, am Ort, den wir angegeben hatten. Nur Lord Douglas fehlte. Bis heute wurde keine Spur von ihm gefunden. Sie waren alle fürchterlich zerschlagen, am schlimmsten Croz; alle hatten den größten Teil ihrer Kleider verloren. Bei ihrer Beerdigung im Friedhof der winzig kleinen Zermatter Kirche, einige Tage später, war die ganze Gemeinde anwesend.

Seither habe ich das Matterhorn mehr als hundert Mal bestiegen, nie ohne an meine lieben Kameraden zu denken, deren Angehörigen an jenem Tag großes Leid widerfuhr. Mein Vater und Whymper sind ihnen schon in ihre ewige Ruhe nachgefolgt. Und sehr bald werden die Engel des Todes auch mich rufen.

38

CARRELS ROUTE auf den Gipfel des Matterhorns ist bedeutend schwieriger als die Whympers. Trotzdem rechnet man im Valtournenche damit, dass Touristen den Aufstieg künftig über die schwierigere, aber sichere südliche Seite bevorzugen werden. Der Domherr von Aosta, der großes Interesse am Tourismus zeigt, weil er weiß, dass die armen Älpler ein Zusatzeinkommen brauchen, macht deshalb den Vorschlag, auf halbem Weg am Lion-Grat eine Hütte zu errichten. Der Vorschlag wird vom italienischen Alpenclub aufgegriffen, die nötige Summe von dessen Mitgliedern gezeichnet. Carrel, der auf der »Cravate«, viertausendeinhundertzwanzig Meter hoch, eine natürliche Höhle weiß, übernimmt die Leitung des Baus. Im Herbst 1865 schon ist der kleine Unterschlupf nutzbar.

Aber erst im August 1867 steigt eine zweite Seilschaft über den Lion-Grat gipfelwärts. Florence Crauford Grove mit drei Leuten aus Valtournenche – Carrel, Bich und Meynet. Sie übernachten in der zugigen Höhle des italienischen Alpenclubs, klettern über den ausgesetzten Grat bis unter den Schlussturm und queren über die Nordwestseite zum Zmuttgrat – wie es Carrel bei der ersten Besteigung schon gemacht hat. Dieser Weg zum Gipfel ist schwierig, stellenweise auch gefährlich. Nur der geniale Carrel hat diese Route finden können, und nur die Älpler mit ihrer Geländekenntnis und dem Instinkt von Gämsen wagen es, den Weg auch mit Gästen zu gehen.

Die Leute von Valtournenche freuen sich, dass Grove für die dritte Besteigung des Berges ihre Seite gewählt hat, nicht allen aber gefällt, dass Jean-Antoine Carrel als Matterhorn-Führer eine Art Monopol zuzufallen scheint. Brechen deshalb – einen Monat nach Groves Besteigung – drei der Maquignaz-Brüder, César Carrel, Jean-Baptiste Carrel und dessen Tochter in Valtournenche auf, um ihren eigenen Weg zum Gipfel zu finden? Wollen doch alle Führer Anteil am touristischen Erfolg, der zu erwarten ist. Am 12. September steigen sie bis zur Höhlenhütte, wo sie übernachten. Am nächsten Morgen – einer bleibt zurück – steigen sie längs der Schulter bis zur Schlucht, an der 1862 Bennen mit Tyndall gescheitert ist, und überschreiten diese. Sie stehen nun vor dem senkrechten Gipfel-Turm: ein gigantisches Bollwerk! Statt wie Carrel und Grove nach links zum Zmutt-Grat auszuweichen, überklettern Joseph und Peter Maquignaz die Gipfelwand direkt. Wie, ist bis heute ein Rätsel. Mit unheimlichem Geschick – mit Leitern und Holzstangen ausgerüstet – gelingt das Kunststück alpiner Erschließung wohl von oben. Diese Route ist kürzer, auch weniger gefährlich als Carrels Weg. Später, mit fixen Seilen und Strickleitern entschärft, wird sie zur Normalroute von Breuil aus.

Auch an der Ostseite des Berges, am Grat, der gegen Zermatt abfällt, wird eine Hütte gebaut, in einer Höhe von 3818 Metern. Der Hotelier Seiler aus Zermatt und der

Schweizer Alpen-Club tragen die Kosten. Die Bergführer Knubel aus dem Dorf St. Niklaus leitet die Arbeiten. Später kommt am Bergfuß die Hörnli-Hütte dazu. Peter Knubel und Joseph Maria Lochmatter aus demselben Dorf führen am 24. und 25. Juli 1868 dann Julius Marshall Elliott über diese Schweizer Seite zum Gipfel. Es ist die zweite Besteigung über die Whymper-Route.

Carrel und der Lion-Grat aber haben bei Fremden ein ganz besonderes Flair, eine zusätzliche Anziehungskraft: Florence Crauford Grove zum Beispiel spricht mit höchstem Respekt von Jean-Antoine: *Für seinen bewundernswerten Mut, noch mehr für seine Umsicht und Vorsicht, mit denen er sich seinem Gast widmet, schätze ich ihn. Er tut alles, um die Chance eines Unfalls zu verhüten.*

Im Dorf hingegen wächst der Neid auf Carrel. Und schon John Tyndall, der das Matterhorn 1868 besteigt, nimmt zwei der Maquignaz als Führer. Sie schaffen die erste »Traversierung« des Berges von Breuil nach Zermatt: *Die beiden Maquignaz sind ausgezeichnete Begleiter, ruhig in der Gefahr und stark, wo es der Kraft bedarf*, schreibt der Professor in das Führerbüchlein der Brüder. Wenige Tage später überschreiten François Thioly und Hoiler das Matterhorn in der entgegengesetzten Richtung: von Zermatt nach Breuil. Wieder mit Führern aus Valtournenche. 1868 endlich schafft es Felice Giordano auf seinen ersehnten Gipfel. Seine Führer sind Jean-Antoine Carrel und Jean-Jacques Maquignaz, die besten Männer aus dem Tal. Ende Juli 1866 schon ist er mit Carrel, Bich und Meynet bis zur »Cravate« gestiegen, wo er eine Woche lang aushielt, um Messungen vorzunehmen. Carrel entschied damals gegen den Gipfel-

gang. Zwei Jahre später verbindet Giordano die Wege Carrels und Whympers und vereint die beiden rivalisierenden Führer aus ein und demselben Tal zu einer Zweckgemeinschaft.

Auf beiden Seiten des Matterhorns ist der Aufstiegsweg inzwischen abgesichert. 1871 erreicht erstmals eine Frau, Lucy Walker, den Matterhorn-Gipfel, und ab 1876 folgen auch führerlose Besteigungen.

1877, zwölf Jahre nach der ersten Besteigung, ist Quintino Sella, inzwischen fünfzig Jahre alt, mit seinen Söhnen am Berg: Natürlich mit dem Führer Jean-Antoine Carrel. Beinahe wird ihnen ein Fixseil zum Verhängnis, und nur die instinktive Reaktion Carrels verhindert eine ähnliche Katastrophe wie 1865: Alle sind angeseilt, als Carrel, der als Seilerster klettert, prüfen will, ob das Fixseil vor der »Echelle«

in Ordnung ist. Um sich zu vergewissern, klettert er neben dem Seil frei über die Felsen hinauf. Plötzlich rutscht sein Fuß weg, und Carrel greift, um sich halten zu können, ins Fixseil. Dieses aber reißt. Carrel dreht sich, fällt, windet sich über Sellas Kopf hinweg, ohne ihn zu berühren. Einen Augenblick lang scheint er zu schweben. Nach einem Sturz von fast fünf Metern gelingt es ihm, seinen Sprung mit ein paar katzenartigen Bewegungen abzufangen. Er klammert sich an die Felsen, fasst wieder festen Fuß und steht wie erstarrt auf einem kleinen Felsvorsprung. Erschrocken hält Sella das Seil, in dem sie eingebunden sind.

Der zweite Gast im Sella-Team, Antonio Castagneri, der diese Tour mit seinem Führer Jensing mitmacht, muss zusehen, wie dieser sich abmüht, über die kurze Strecke, die jetzt ohne Seil ist, hinaufzukommen. Vergeblich. Als Carrel nach seinem Sturz durchgeatmet hat, hilft er Jensing, an seinen eigenen Blutspuren entlang, hinauf. Carrels Konzentrationsfähigkeit, sein katzengleiches Klettergeschick und vor allem sein Verantwortungsgefühl sind inzwischen Legende. Sella schwärmt davon wie vom Berg: *Jean-Antoine ist wie das Matterhorn. Von dieser Art Schönheit kannst Du Dir keinen Begriff machen. Ich glaubte früher, die Berge, ihren Reiz, ihre Poesie zu kennen. Als ich aber das Matterhorn bestieg, musste ich mir sagen, dass ich gar nichts kannte – so anders ist dieser einzigartige Felsblock. Erhabener als alle andern Berge. Scheltet mich, soviel Ihr wollt, bietet sich wieder die Gelegenheit, ich mache die Tour auf das Matterhorn ein zweites Mal. Was hat das bisschen Gefahr schon zu bedeuten! Wenigstens kann man sich da oben nicht weh tun oder zum Krüppel schlagen: gleitet nur ein Fuß aus, so macht man einen Salto mortale, tiefer vielleicht als einen Kilometer. Kann man sich einen besseren Tod wünschen?*

Ich mache mir nur Vorwürfe, dass ich meine Söhne mitgenommen habe. Was mich betrifft – ich habe ein halbes Jahrhundert hinter mir –, Italien würde keinen Verlust erleiden, es wäre aber schade, wenn es so junge kräftige Leute einbüßen müsste. Allein Carrel und sein Geschick als Führer hob ihre Moral. Sie waren so glücklich, ganz enthusiastisch vom wunderbaren Schauspiel! Mit was für Augen sie heute noch davon sprechen!

1882 gelangt – nach zwei abgebrochenen Versuchen – der berühmte Fotograf Vittorio Sella, ein Verwandter des Ministers, auf die Spitze. Mitten im Winter.

Nach der Matterhorn-Katastrophe von 1865 wurde also kein Verbot einer Besteigung erlassen, im Gegenteil, England ist stolz auf die Erfolge seiner Bergsteiger und auf Whymper. Der Hörnli-Grat ist zur Pflichttour aller renommierten Alpinisten geworden, das Matterhorn zum Mythos, Whymper Legende. Inzwischen vertritt Albert Mummery einen führerlosen Alpinismus, die Brüder Pendlebury durchsteigen 1872 die Monte-Rosa-Ostwand, der sportliche Alpinismus, wie ihn Whymper vorgemacht hat, ist salonfähig geworden. Als schwierigste und gefährlichste Bergfahrt gilt jetzt der Anstieg durch die Monte-Rosa-Ostwand – eine ungeheure, aus Eis und Fels aufgebaute Mauer, die dreitausend Meter hoch über dem Talkessel von Macugnaga aufragt: Wegen der technischen Schwierigkeiten und der außerordentlichen Gefahren – Eislawinen und Steinschlag – ist diese Tour gefürchtet und begehrt zugleich.

Der *Sieger über das Matterhorn* aber passt sich den Forderungen der arrivierten Club-Mitglieder an, die wissenschaftliche Arbeit erwarten. Er bleibt zwar ein geschätzter Holzschneider, befasst sich inzwischen aber mehr mit den Gletschern als mit Erstbesteigungen. 1867 schon wagt Whymper eine erste Grönlandexpedition zum Zweck der Schneeforschung.

In Zermatt setzt in diesen Jahren eine Art Reliquienschau ein, wie im Echo des Alpes 1872 zu lesen ist: *Bevor wir Zermatt wieder verließen, verabschiedeten wir uns von Herrn Seiler und baten ihn, uns die gefundenen restlichen Effekte der Verunglückten von 1865 zu zeigen, die von ihm aufbewahrt werden. Wir sahen zuerst das Seil, das zwischen Vater Taugwalder und Lord Douglas verwendet worden ist. An ihm waren große Blutflecken zu erkennen. Es bestand aus einem eigenartigen Geflecht, glich einer groben Leine, in der Dicke eines kleinen Fingers. An der Rissstelle sah es aus wie ein Pinsel, was andeutete, dass es nicht mit der Schneide eines Pickels zerschlagen worden war. Ein zweites Objekt, ein Schuh, ziemlich stark abgenützt, mit aufgerissener Sohle, die noch am Absatz haftete, wurde von den Leuten des Hotels in Zermatt als Douglas gehörend erkannt, der selbst nie gefunden worden ist. Ein zweidaumenbreiter Wollfetzen, an der Innenseite bei der Ferse angebracht, sollte die Schmerzen einer Verletzung lindern, die den Lord damals seit Wochen quälten.*

Carrel hingegen ist vergessen.

Am 3. September 1879 besteigt Albert Frederick Mummery das Matterhorn erstmals über den Zmutt-Grat; am 16. Juli 1880 wagt er den Aufstieg über den Furggen-Grat. Immer als Erster. Bei dieser zweiten Tour klettert er bis zur

Höhe der Schweizer Schulter, traversiert die Ostwand, erreicht den Schweizer Grat an der Stelle, wo die Schulter mit dem Kopf des Berges zusammenhängt, und geht den gewöhnlichen Weg weiter bis zur Spitze.

39

DAS MATTERHORN wird nun Jahr für Jahr öfter bestiegen: häufiger von Zermatt als von Breuil aus. 1871 ist Whympers Buch über seine Bergfahrten erschienen: ein moderner Erlebnisbericht, gut geschrieben, mit seinen eigenen Holzschnitten großartig bebildert, ein Klassiker, der unsere Bilder von der Matterhorn-Erstbesteigung bis heute bestimmt: Das Buch – Verteidigungsschrift und Abrechnung zugleich – wird als Abenteuer aus erster Hand gelesen. Es vertieft jedoch auch bestehende Animositäten und schürt neue Vorwürfe. Whymper mag die Taugwalders nicht, und die Taugwalders mögen Whymper nicht – in Zermatt ein offenes Geheimnis. Und wer mag Whymper? In Zermatt niemand. Dennoch gelingt es Whymper, den Cliquengeist und die Konkurrenz im Tal zu befeuern. Mit der Macht seiner Worte und der Willkür seiner Interpretation des Unfalls. Der alte Taugwalder leidet psychisch darunter, verfällt in eine Depression, zieht sich mehr und mehr zurück, derweil sich Whymper in seinem Erfolg sonnt. Jahr für Jahr kommt er in die Alpen, in das Reich seiner Triumphe: immer wieder nach Zermatt, Chamonix, ins Valtournenche.

Dabei war der Leumund Peter Taugwalders bis 1865

ohne jeden Tadel gewesen. Keine zwei Monate nach der Erstbesteigung – die durchgestandenen Schrecken noch frisch –, bittet ihn der damals 25-jährige Paul Güßfeldt, späterer Berater von Kaiser Wilhelm II. und einer der besten deutschen Bergsteiger, das Matterhorn mit ihm zu besteigen. Auf Whympers Weg. *Taugwalder hat auf der Spitze gestanden*, schreibt Güßfeldt, *er muss den Weg kennen, ein hoher Lohn steht ihm in Aussicht, und dennoch – als ich ihm mein Vorhaben vortrage, erschrickt er, sucht abzuraten und zeigt mir die Wundmale, welche ihm das Seil zufügte.*

Güßfeldt gelingt es dennoch, die beiden Taugwalders zu überreden: *Nicht von Zermatt aus, von der italienischen Seite, von Breuil aus* sind sie bereit mitzumachen. Die Tour ist für Güßfeldt zu schwierig: Unter einer senkrechten Felswand kapituliert er, muss enttäuscht den Rückzug anordnen: *Nach 21-stündigem Marsch, mit nur kurzen Pausen, trafen wir nachts um 11 Uhr in Breuil ein. Eine teuer erkämpfte Niederlage.*

Auch John Ball, der Naturforscher und erste Präsident des Alpine Club, lobt den alten Taugwalder: *Peter Taugwalder ist ein besserer Führer als viele, die ich kenne; ein erstklassiger Felsspezialist, kräftig, willig, oft auch eigenwillig*. Taugwalder ist zu seiner Zeit einer der erfahrensten Führer in den Alpen, der erfolgreichste in Zermatt. Viele Referenzen bezeugen es: Tuckett hat ihn in Dienst genommen, und 1862 war er schon Kennedys Führer beim Versuch einer Winterbesteigung über die Matterhorn-Ostwand gewesen. Nur wenige Tage vor der Katastrophe ist ihm die Besteigung des Obergabelhorns von Zinal aus gelungen. Lord Francis Douglas dazu: *Peter Taugwalder stellt sich wunderbar an, er zeigt sich als erstklassiger Führer.* Neben Peter Perren war er lange Zeit der einzige Zermatter Führer, der von der Besteigbarkeit des Matterhorns überzeugt war.

Aber: Vater Taugwalders Karriere als Matterhornführer fällt zuletzt Whympers Hinterhältigkeit zum Opfer. Dessen Spruch vom »Irresein des alten Peter« tut seine Wirkung. 1867 zum Beispiel kommt ein Matterhorn-Aspirant nach Breuil: *Die Taugwalders, Vater und Sohn, sind da und bereit, die Besteigung von Zermatt aus mit mir zu machen*, schreibt er. Da kommen die Maquignaz in Sicht, im Abstieg vom Berg. *In der Absicht, das Matterhorn zu überschreiten, ziehe ich die Führer von der italienischen Seite vor.* Die Taugwalders werden entlassen.

Es ist verständlich, dass die Zermatter Führer ihren Berg nach der Katastrophe zuerst meiden. Nach sieben Jahren erst kommt Peter Taugwalder Sohn an die fatale Stelle des großen Unglücks zurück. Mit seinen Gästen, den Brüdern Pendlebury und Charles Taylor. Sie haben mit ihrem Saaser Führer Ferdinand Imseng eben erst die Ostwand des Monte Rosa, die höchste Wand der Alpen, durchstiegen. Am 24. und 25. Juli 1872 begleitet sie der »Matterhorn-Peter«, wie er jetzt respektvoll genannt wird, von Zermatt über den Matterhorn-Gipfel nach Breuil.

Schon 1869 wagten die beiden Taugwalders und Perren mit R. B. Heathcote einen Versuch, das »Horu« von Breuil aus zu besteigen. Ein Blitzschlag trifft die Partie – noch bevor sie den Gipfel erreichen. Sie überleben.

Der alternde Peter Taugwalder Vater muss immer öfter auf Gäste warten, zusehen, wie seine Kollegen mit Pickel, Seil und ihren Herren von Zermatt aus auf Tour gehen. Er wird nicht mehr engagiert und will nicht länger auf dem Mäuerchen sitzen, wo die Gäste ihre Führer anheuern. Er will sich nicht überflüssig fühlen, schrägen Blicken ausgesetzt sein. Bald geht er nicht mehr auf die Straße. Er bleibt daheim, raucht seine Tabakspfeife, trinkt seinen Wein und stürzt weiter in die Depression ab. Niemand weiß, was er wirklich denkt.

Eines Tages ist es so weit. Seine Frau packt ihm ein paar saubere Hemden ein, Socken, etwas zu essen. Im Halbdunkel der Küche – ruhig wie immer – steht er da, sein Blick durch das einzige Fenster in die Ferne gerichtet. Niemand spricht, niemand weint. Seine Frau seufzt, als sei sie einverstanden. Es ist das Beste so, auch für sie. Dann reicht er allen die Hand. Ohne ein einziges Wort. Er nimmt seinen Rucksack und geht aus dem Haus – nach Amerika.

Nach ein paar Jahren kehrt er nach Zermatt zurück. Er ist noch stiller geworden, niemand weiß, was er in den USA gemacht hat. Dreizehn Jahre zuvor, 1867, ist sein zweiter Sohn Joseph im Schwarzsee ertrunken. Dieser hatte beim Aufstieg Whympers Gepäck von Breuil zur Schwarzsee-Kapelle getragen. Auch die Seile, die der Engländer für die Erstbesteigung dort hinterlegen ließ. Peter Taugwalders dritter Sohn, Friedrich, der, damals fünfzehnjährig, bei dieser Erstbesteigung als Träger bis zum ersten Biwak mitgegangen war, reist seinem Vater nach Amerika nach und bleibt später dort. Als ob die Taugwalders dem Fluch Whympers, dem der Vater das Leben gerettet hat, nur durch Flucht entkämen.

Als ein Konsortium von Zermatter »Burgern« das Hotel Schwarzsee baut, beteiligt sich der alte Peter. Er hilft bei der

Arbeit, wandert dazwischen allein im Gebirge umher. Eine Lungenentzündung wirft ihn nieder. Er aber arbeitet weiter, will keine Pflege. Eines Tages bleibt er allein in den Bergen – um zu sterben. Man findet ihn bei der Kapelle Maria zum Schnee, dort, wo er mit Kennedy eine kalte Nacht lang biwakiert hat, bevor sie zum Versuch einer Winterbesteigung des »Horu« aufgebrochen sind. Er stirbt im Angesicht seines Berges, dem seine ganze Ehrfurcht gegolten hat. Ohne die Ehre, die ihm Whymper genommen hat, ohne die Anerkennung seiner Mitmenschen, die zum Mitfühlen nicht fähig sind. Zuletzt ohne Selbstachtung, fehlte ihm die Kraft weiterzuleben.

Peter Taugwalder ist tot, Whymper berühmt. Sein Stolz braucht keinen Rivalen mehr zu fürchten, denn auch Carrel bleibt mehr und mehr im Hintergrund. Obwohl weder zu führerlosen Bergbesteigungen fähig noch mit dem Instrumentarium der Wissenschaft vertraut, will Whymper als Bergsteiger und Forscher glänzen, indem er das angeblich Unmögliche wagt. Die Berge bleiben sein Sprungbrett zum Ruhm.

Hundertfünfundzwanzig Mal steigt Taugwalders Sohn, der »Matterhorn-Peter«, mit Gästen aufs Matterhorn. Er hat Barbara Salzgeber geheiratet und muss zuletzt für sechs Kinder sorgen. Wie oft erzählt er die dramatische Geschichte der Erstbesteigung! Er ist nicht verbittert wie sein Vater, begegnet neugierigen Fragen aber oft mit Sarkasmus und Ironie. Er ist siebenundfünfzig Jahre alt, als ihm ein fallender Stein das Knie zertrümmert. Seine Führerlaufbahn ist damit zu Ende. Immer weniger erträgt er es, auf das Unglück am Matterhorn angesprochen zu werden. Der »Matterhorn-Peter« braucht keine Rechtfertigung. Er hat eine großartige Bergführerlaufbahn hinter sich, und die Einheimischen wissen inzwischen, wie die Tragödie 1865 abgelaufen ist. Sein Humor hilft ihm über den Ärger mit Whymper hinweg: *Der Engländer hat meinen Vater und mich als verächtliche Gesellen dargestellt. Es ist nichts als eine gottsträfliche Verleumdung des hochfahrigen Herrn. Hier wissen das alle, man hat es mir hundertmal bestätigt. In meinem Führerbuch steht mancher schöne Spruch von hohen Herren, der ganz anders lautet als das Zeugnis Whympers, das er mir ungebeten ausstellte.*

40

EDWARD WHYMPER, im klassenbewussten viktorianischen England aufgewachsen, leidet trotz seiner Bekanntheit und seiner alpinen Leistungen unter Minderwertigkeitskomplexen. Er ist zwar Mitglied im Alpine Club, aber nicht in Eton, Oxford oder Cambridge erzogen worden. Er hat keinen akademischen Titel und muss arbeiten, um Geld zu verdienen.

So entwickelt er einen überbordenden Ehrgeiz. In den Alpen kann er sich nicht mehr übertreffen. Der höchste Berg Europas, der Mont Blanc? Nicht sein Ziel, weil schon mehrere hundert Menschen oben gewesen sind. Später, 1893, besteigt er ihn doch noch, zusammen mit Frédéric Payot – und verbringt gleich die Nacht auf dem Gipfel. Als Whymper erkennt, dass die Besteigung des höchsten Berges der

Erde, irgendwo im Himalaja vermutet, aus finanziellen Gründen nicht möglich ist, verlegt er sein Interesse auf den höchsten Berg der Neuen Welt, den er in den äquatorianischen Anden lokalisiert, und plant eine Andenexpedition. Der Aconcagua ist noch nicht als solcher ausgewiesen, und bestiegene Gipfel interessieren ihn nicht.

Warum wächst Whympers Ruhm dennoch stetig weiter – im Gegensatz zu dem von Carrel, der zwar keine Wissenschaft betreibt, aber der bessere Bergsteiger ist?

Er kommt nach dem Schicksalsjahr 1865 häufig nach Zermatt, steigt im Hotel Monte Rosa ab und sucht unterwürfige Helfer. Er versucht sich als Schneeforscher. So verwandelt er sich nun in den Wissenschaftler Whymper. Die britischen Gäste bewundern ihn dafür, obwohl sein »social standing« dem ihren nicht entspricht. Mit dem Verkaufserfolg seines Buches schwindet diese Geringschätzung, nur einige der prominentesten Clubkameraden – Moore, Stephens, Tyndall und Coolidge – betrachten den »Arrivierten« nach wie vor mit Skepsis. De Saussure, Forbes und Tuckett, die ihre alpinistischen Taten mit wissenschaftlicher Arbeit legitimieren, sind künftig seine Vorbilder. Die Bergführer bleiben seine Handlanger. Wie am Matterhorn zwischen 1860 und 1865.

Die Metamorphose von Schnee zu Firn und Eis ist jetzt Whympers Thema. Mit seiner glaziologischen Forschung zielt er auf gesellschaftliche Anerkennung, rückt am Berg mit Schaufel und Bohrstange an, lässt Schächte in den Firn graben – sieben Meter tief, acht Meter lang –, Geräte anbringen. Wie von seinen Führern, die er in gute, schlechte und mittelmäßige einteilte – ob Franzosen, Schweizer oder

Italiener –, verlangt er auch von seinen Helfern Gehorsam und Bescheidenheit: *Die Franken, die sie mir aus den Taschen ziehen, bleiben gezählt.* Stille Begleiter lobt er, wie zum Beispiel seinen Zeltträger Luc, überlegene Könner wertet er ab. Zu der servilen Haltung aber, die Whymper erwartet, sind nicht alle Älpler bereit. So wie Carrel. Er war als sein Führer zwar bereit, am Berg alle Verantwortung zu übernehmen, nicht aber die Marotten des Engländers zu dulden. Whymper verspielt so nach und nach seine Glaubwürdigkeit bei den Führern, nicht aber sein Renommee im Club. Die absurden Unterstellungen, die Whymper dem alten Taugwalder aufgebürdet hat, bleiben im Raum. Sie fallen auch nach dessen Tod nicht auf Whymper zurück. Weil niemand seine Ausdauer, seine Erzählkunst, vor allem seine Bergerfahrung anzuzweifeln wagt!

Whymper reist, wie schon 1867, ein zweites Mal in die Arktis, nach Westgrönland, um Eisschichtenforschung zu betreiben. Aber auch jetzt, fünf Jahre später, keine Resultate. Sein eigentliches Ziel, die Entdeckung des Nordpols, gibt er auf, weil er unter den Inuit niemanden findet, der ihn dorthin bringen kann. Das Studium der Ureinwohner und ihrer Lebensbedingungen interessiert ihn zwar, bringt aber nichts ein.

Berühmt und erfolgreich ist er dank seines Buches und seiner Holzschnitt-Gravuren. In seinem Buch vereint Whymper die Kunst des Erzählens und Zeichnens. Diese Begabungen erlauben es ihm, eine künstlerische Form zu wählen, die modern und volkstümlich zugleich ist. Und weil viele Leser ihre Träume von Freiheit und Abenteuer in seiner Person realisiert sehen, hat »Scrambles amongst the

Alps« großen Erfolg. Auf diese Weise zu bescheidenem Wohlstand gekommen, ist Whymper finanziell endlich unabhängig.

Mittlerweile aber ist die Fotografie bis ins Hochgebirge vorgedrungen. John Ruskin, der schon 1850 damit experimentiert hat, wählt das Matterhorn zu seinem Motiv. Auch Hudson dokumentierte seine Besteigungen mit Hilfe der Fotografie. Whymper, in Sorge, diese Kunstform könne seinen Holzschnitten den Rang ablaufen, dilettiert nun ebenfalls als Fotograf. 1874 steigt er nochmals aufs Matterhorn und verfolgt dabei fotografisch-wissenschaftliche Ziele. Seine Führer sind Jean-Antoine Carrel und Jean-Baptiste Bich. Fünfundsiebzig Seilschaften haben inzwischen den Gipfel erreicht.

Das gespannte Verhältnis, das Whymper zu den Bergführern hat – er wechselt sie immer noch häufig –, belastet auch seine Beziehung zu Carrel. Obwohl er mit ihm keine schlechten Erfahrungen gemacht hat. Carrel hat Whymper nie kompromittiert, im Gegenteil, er verteidigte ihn lange. Aber Whymper ist zum *Eroberer des Matterhorns* geworden, *das Matterhorn Whympers Berg*. Dazu die Whymperstube im Hotel Monte Rosa, ein Whymperteller in Zermatt, Whymperschnitten – Whymper und Zermatt werden eins. Peter Taugwalder, der ihn 1865 heil ins Tal zurückgebracht hat, ist totgeschwiegen, sein Sohn zwar nicht vergessen, in Whympers »Kampf ums Matterhorn« aber nicht mehr als eine Fußnote.

Mit seinem Buch – jede Auflage mit neuen Details ergänzt – wächst Whympers Ruhm, obwohl er nichts als ein Egozentriker ist: Er hat offensichtlich selbst sein Seil durchschnitten, als er sich kurz vor Erreichen des Gipfels von der Seilschaft losmachte, um Croz überholen zu können. Um Erster zu sein! Zwei Mal immerhin soll er dieses Szenario vor Freunden erwähnt haben, im kleinen Kreis, bei einer Flasche Wein, einmal einem Bischof gegenüber, bei der Beichte. Nicht sein Tun, das Verschweigen desselben ist ihm als Versäumnis anzulasten.

41

1879 ENGAGIERT WHYMPER Jean-Antoine Carrel für eine Expedition nach Ecuador und stellt ihm frei, einen zweiten Führer zu wählen. Dieser Mann ist Louis Carrel. Die beiden sollen Whymper in die Anden begleiten und am Berg die Entscheidungen treffen. Whymper ist endlich bereit, seinen Führern neben der Verantwortung auch die Lösung strategischer und logistischer Probleme anzuvertrauen. Die Führer kennen die Natur des Berges, der Engländer die Geschichte: Im Jahr 1802 erreichte Alexander von Humboldt als Wissenschaftler am Chimborazo die bedeutende Höhe von fünftausendsechshundert Metern. Er wählte das Dorf Calpi im Südsüdosten des Chimborazo als Ausgangspunkt und glaubte, mit seiner kleinen Karawane an einem Tag zum Gipfel und zurück nach Calpi zu kommen. Höhendifferenz: dreitausend Meter; Horizontaldistanz: neunzehn Kilometer. Ein Aufstieg über steile Schutthalden, Felswände, Gletscherbrüche, dazu kommt die dünne Höhenluft. Die Männer wurden höhenkrank und kehrten um. Humboldt dazu:

Ich habe mir mein Leben lang etwas darauf eingebildet, unter den Sterblichen derjenige zu sein, der am höchsten in der Welt gestiegen ist – an den Abhängen des Chimborazo – und bin stolz gewesen auf meine Ascension! Mit einem gewissen Gefühl von Neid blicke ich nun auf die Enthüllungen, welche Webb und seine Konsorten von den Bergen in Indien geben. Ich habe mich über die Reisen im Himalaya beruhigt, weil ich glaube annehmen zu dürfen, daß meine Arbeiten in Amerika den Engländern den ersten Impuls gegeben haben, sich etwas mehr um die Schneeberge zu kümmern, als es von ihnen seit anderthalb Jahrhunderten geschieht.

Die Südseite des Chimborazo ist 1802 eine Unmöglichkeit. Humboldt kennt die flache Nordseite nicht und zieht weiter. Die Chimborazo-Besteigung Humboldts hörte dort auf, wo die Gipfelbesteigung im alpinistischen Sinn erst beginnt, dort, wo die Schwierigkeiten in Fels und Eis sich zu unüberschaubaren Schrecken türmen.

Gegen Ende des neunzehnten Jahrhunderts hat es am Chimborazo ein halbes Dutzend Versuche gegeben, ihn zu besteigen: von seiner Süd-, Ost- und Nordseite. Erst 1880 gelingt es Edward Whymper mit seinen beiden Führern, den Gipfel zu erreichen. Am 4. Januar stehen sie erstmals ganz oben. Eine zweite Besteigung gelingt ihnen am 3. Juli desselben Jahres über den Nordnordwestgrat. Whymper, inzwischen ein Skeptiker, lässt sich den erfolgreichen Verlauf seiner zweiten Gipfelbesteigung von seinem ecuadorianischen Begleiter Francisco Campaña sowie vom britischen Konsul in Guayaquil amtlich bestätigen. In Ecuador glaubt dennoch niemand an seinen Erfolg. Wird die Erstbestei-

gung des Chimborazo doch dem Staatsmann Simón Bolívar zugeschrieben, obwohl im Ernst niemand an diese Geschichte glaubt. Aber Whymper muss jetzt erfahren, wie langlebig solche Gerüchte sind – obwohl er ja selbst genügend von ihnen in die Welt gesetzt hat.

Whymper nimmt mit seiner Expedition den Berg zuerst von der Südwestseite in Angriff, ohne die anderen Flanken gesehen zu haben. Nur weil er annimmt, auch Humboldt habe seinen Aufstieg über diese Seite gewagt. Die Vettern Jean-Antoine und Louis Carrel, deren Entscheidungen Whymper hier stillschweigend akzeptiert, führen das Team, zu dem der in Ecuador lebende Engländer Perring und drei Arrieros gehören. Die Expedition ist vorzüglich ausgestattet: mit Proviant aus Europa, Whymper-Zelten, Pelzschlafsäcken. Dazu kommen allerlei Messinstrumente und alle notwendigen alpinistischen Geräte. Von Tambo de Totorillas, westlich des Chimborazo gelegen, steigen drei steile Täler zum Berg hin an. Im dritten – von Whymper »Vallon de Carrel« benannt – steigt die kleine Karawane Richtung Südwestgrat, der den Thielmanngletscher vom Trümmergletscher – auch diese Namen stammen von Whymper – trennt. Das erste Lager steht im Tal, gut viertausend Meter hoch; ein zweites auf dem Grat in fünftausend Metern Höhe. Einen Tag lang sind alle bergkrank: Kopfschmerzen, Erbrechen, Mattigkeit. Ein drittes Lager – bis über die Schneegrenze vorgeschoben – liegt fünftausenddreihundert Meter hoch. Die Indios sind in die unteren Lager abgestiegen, Perring bleibt als Wächter im dritten Lager zurück, als die Führer mit Whymper am 3. Januar über die Route, die von den Carrels schon ausgekundschaftet worden ist, bis in eine Höhe von fünftausendneunhundert Metern vordringen. Ohne Stufen zu schlagen, kommen die drei bis zum Fuß mächtiger Lavawände am oberen Ende des Grates, über denen die Sèracs des Gipfelfirns hängen. Da bricht ein Schneesturm los, in dem Erde und Himmel ununterscheidbar in weißer Helligkeit verschmelzen – Whiteout! Nur weil Whymper seinem ehemaligen Lehrmeister vom Matterhorn vertraut, überlebt er das Chaos. Jean-Antoine hat auch in den Anden, auf sechstausend Metern Höhe über dem Meeresspiegel, alles richtig gemacht.

Am nächsten Morgen steigen die drei denselben Weg nochmals hoch, überklettern lockere Lavahänge und stapfen im Zickzack über steilen Firn zum Westende des Westgipfels. Jean-Antoine Carrel trägt den Kasten mit dem Quecksilberbarometer, was ihn auf dem Hochplateau behindert, weil der Schnee so hoch und locker liegt, dass er

Meter für Meter niedergetreten werden muss. Auf allen vieren kriechend, wühlen sich die Männer, die stellenweise ganz im Schnee versinken, vorwärts. Drei Stunden sind es bis zum gerundeten Westgipfel. Hier erst ist zu erkennen, dass der Südgipfel höher ist als ihr Standort. Also setzen sie die Schneewühlerei fort und stehen endlich auf der höchsten Kuppe des Berges: Die Barometermessung ergibt eine Höhe von 6262 Metern, der Union Jack wird gehisst, es bleiben eineinhalb Stunden Tageslicht für den Rückweg. Die Strecke mit dem weichen Schnee kostet auch beim Abstieg viel Kraft. Die Äquatorsonne ist bereits untergegangen. Endlich fester Firn! Alle drei laufen jetzt um ihr Leben. Gilt es doch die Kletterei über die letzten Felsstufen vor der Dunkelheit hinter sich zu bringen. Mit knapper Not und in stockfinsterer Nacht stolpern sie über Geröllfelder zum Lager, wo sie um neun Uhr abends nach sechzehnstündiger Schinderei ankommen.

Whympers jugendliche Überheblichkeit aus der Zeit seiner Matterhornbesteigung ist einem Gefühl nationaler Verpflichtung gewichen: Seine Aufgabe sieht er nicht mehr allein darin, Gipfel als Erster zu erreichen, er will jetzt dem Königreich Ehre und Erkenntnisgewinn einbringen. Immer noch in guter körperlicher Verfassung, kann er mit den besten Führern zwar mithalten, überlässt ihnen am Berg aber Führung und Verantwortung. Whymper ist also der traditionelle Bergsteiger geworden, der er am Matterhorn nicht sein wollte: Great Britain, der Wissenschaft, dem Alpine Club verpflichtet; ein Bergtourist mit Bergführer und Union Jack. Deshalb bleibt er zwei weitere Tage allein im Hochlager: um Moose, Steine und Pflanzen zu sammeln, alles nur Mögliche zu messen. Nebel aber hindert ihn daran, exakt zu arbeiten – seine Karte vom Chimborazo ist am Ende ungenau, zur Schneeforschung nichts Neues, seine wissenschaftliche Ausbeute gleich null. Seine Zeichnungen hingegen – kolossale Firndecken, das Zelt im Schneesturm, trümmerbedeckte Gletscherzungen – sind aussagestark wie immer.

Ein halbes Jahr später, am 3. Juli 1880, erreicht Whymper den Chimborazo-Gipfel zum zweiten Mal. Diesmal über die Nordwestseite und in der besten Jahreszeit. Nach halbjährigem Unterwegssein in den Anden an die Höhenluft angepasst, haben die Carrels keine Mühe, ihrem Schützling und zwei Ecuadorianern den Gipfelgang möglich zu machen.

Von Carihuairazo kommend, schlägt Whymper seine Zelte am Nordnordwestgrat auf. Wieder kundschaftet

Jean-Antoine Carrel die Route aus. Am 2. Juli steht Whympers Basislager in viertausendachthundert Metern Höhe. Sehr früh bricht er am 3. Juli mit seinen Leuten auf. Um 13 Uhr 20 ist er am Ziel: auf dem Südgipfel des Chimborazo. Zum ersten Mal haben damit auch Ecuadorianer den Gipfel erreicht. Unter der Führung von Europäern.

Es liegt diesmal viel weniger Treibschnee als bei seiner ersten Besteigung. Diesmal aber drohen Gefahren ganz anderer Art: Der Vulkan Cotopaxi ist ausgebrochen. Schon während des Aufstiegs trübt die mit dem Nordostwind herüberziehende Eruptionswolke die Luft. Am Gipfel ist der Aschenfall so dicht, dass sie den nahen Westgipfel nicht mehr sehen können. Sofort nach vollzogener Barometermessung muss der Rückweg angetreten werden. Der Weg und das oberste Lager sind grau, mit Asche eingeschneit.

Wieder hat Whymper nichts zur Erforschung der Bergnatur beizutragen. Seine Sammlungen – Gesteine, Pflanzen und Insekten der Hochregion – ergänzen die Resultate anderer Forscher nur um Bagatellen. Trotzdem rechtfertigt er damit seine Besteigungen vor der Öffentlichkeit, scheint ihm Naturforschung inzwischen wichtiger zu sein als das Wissen um die Natur des Menschen. Wie weit hat sich doch das Selbstverständnis des »Forschers« von dem des »Eroberers des Matterhorns« entfernt. Auch jetzt weiß Whymper noch nicht, was es heißt, am Berg Verantwortung zu übernehmen. Er überlässt sie vorbehaltlos seinem treuen Jean-Antoine Carrel. Er will nur seinem Ideal des viktorianischen Eroberers entsprechen. So ungerecht er nach der Matterhorn-Tragödie mit den Taugwalders war, so angepasst ist er jetzt. Nur wie man ihn sieht, ist ihm wichtig.

Bei dieser Anden-Expedition, bei der die Führer wiederholt die Situation retten, zerstreiten sich Carrel und Whymper endgültig. Dem Engländer fehlt es an Empathie, um nachzuempfinden, warum er Carrels Verantwortungsgefühl weckt. Vater Taugwalder hat in Whympers Gegenwart ähnlich reagiert: Beide sahen in ihm ein großes Kind, auf das man aufpassen muss.

Im Alter wird Whymper mürrisch, verbittert, still. Er heiratet spät, wird geschieden. Seine Tochter aus dieser Ehe, Ethel Whymper, wird 1930 das Matterhorn traversieren, von Zermatt nach Breuil. Whymper, der seine letzten Jahre in Chamonix verbringt, ist gerade aus Zermatt zurück, als er erkrankt. Er schließt sich in sein Hotelzimmer ein, lehnt jede ärztliche Hilfe ab, stirbt – im Tod allein wie Vater Taugwalder und so verschwiegen wie Carrel – am 16. September 1911, im Alter von einundsiebzig Jahren.

42

FÜNFUNDZWANZIG JAHRE nach der Erstbesteigung des Matterhorns, am 21. August 1890, engagiert Leone Sinigaglia, Mitglied der Sektion Turin des italienischen Alpenvereins, in Courmayeur zwei Bergführer für seine geplante Besteigung des Matterhorns: den alternden Jean-Antoine Carrel, der gerade von einer Besteigung des Mont Blanc zurückgekehrt ist, und Carlo Gorret, auch er aus Valtournenche. Mit ihrer Hilfe will Sinigaglia das Matterhorn überschreiten. Carrel, der die Expedition leiten soll, weiß von anderen Bergführern, dass ausgezeichnete Bedingungen herrschen: trockener Fels, fester Schnee, klarer Himmel.

Am Abend des 22. August erreichen die Männer Breuil: Der Talkessel grün, es ist warm, das Matterhorn steht schwarz gegen einen hellen Abendhimmel. Kein Luftzug ist zu spüren, hell klingen die Glocken der weidenden Tiere, am Berg nur wenige Schneeflecken. Vor dreißig Jahren ist er mit Whymper hier aufgebrochen.

Nachts um 2 Uhr 15 brechen die drei auf. Bei klarem Himmel und einem Matterhorn im Sternenlicht, das ihnen die Richtung vorgibt. Seine Umrisse wirken gespenstisch. Sinigaglias Plan ist es, am selben Tag über den italienischen Grat zum Gipfel zu klettern und über die Schweizer Seite bis zur Hörnli-Hütte abzusteigen. Carrel aber lässt sich Zeit, er agiert vorsichtig, vor allem will er seinen Gast nicht überfordern. Oder ahnt er den drohenden Wetterumsturz? Immer wieder schnuppert er die noch frische Morgenluft, bleibt öfter als nötig stehen, schaut zum Gipfel.

Sinigaglia und Gorret fällt auf, dass Carrel müde ist. Bis zum Col du Lion steigt er voraus, ganz langsam, seine Bewegungen wirken schleppend. Als koste ihn das Steigen mehr Mühe als sonst. Dazu kommt die drückende Atmosphäre eines schwülen Tages. Seit Sonnenaufgang steigen Nebelschwaden an der Südwand empor. Wie Rauch aus der Unterwelt. Immer wieder sieht Carrel sich um, als drückten Rucksack und Verantwortung mehr als sonst. Als die Partie gegen 10 Uhr 30 Uhr bei der Gran-Torre-Hütte ankommt, sind ein paar Führer dabei abzusteigen. Sie haben Seilsicherungen ausgebessert.

»Guten Aufstieg«, wünschen sie.

Carrel beschließt, den Gipfelgang auf den nächsten Tag zu verschieben. »Hier können wir uns noch erholen«, sagt er.

Niemand widerspricht. Auch weil sich inzwischen dunkle Wolken zusammengezogen haben. Hintereinander schlüpfen die Männer durch die schmale Tür in die kleine Holzhütte unter dem großen grauen Felsturm.

Carrel legt sich hin, schläft ein paar Stunden. Als er aufwacht und den Wind hört, der am Dach der Biwakhütte rüttelt, ist er besorgt. Seine Gesten wirken fahrig, sein weißer Bart bewegt sich auf und ab, als wolle er etwas erklären. Zu hören aber ist kein einziges Wort, und auch seine tiefliegenden Augen sind nicht zu sehen. In diese Düsternis hinein, zwischen dunkle Bretterwände geklemmt, drängt die Angst. In der Hütte sind die Männer vor Treibschnee geschützt, der Wind aber fährt durch alle Fugen, rüttelt an der Tür, pfeift um die Kanten. Die beiden Fenster zum Tal hin sind blind, weil schneeverklebt. Nichts zu erkennen.

Dann tastet sich Carrel – gebückt, in seinem schwarzen Lodengewand – ganz langsam bis zur Eingangstür. Als er sie einen Spalt breit öffnet, wirbeln Eisstücke und Schnee in die Hütte. Dazu ein unheimliches Getöse. Er drückt die Holztür wieder zu. Sinigaglia und Gorret kauern auf der Bank zur Bergseite hin, als Carrel die Tür ein zweites Mal öffnet, diesmal so weit, dass er hinausschauen kann. Aber er sieht nichts: keine Steinstufen, keine Felsen, kein Schneetreiben. Als wäre nach allen Seiten hin nur noch Abgrund. Und die Kraft des Sturms.

»Keine Erde ... kein Himmel mehr«, hören Gorret und Sinigaglia den Alten murmeln. Mit beiden Händen drückt er die Tür wieder zu, legt sich hin und schweigt. Vierzig Stunden lang. Was soll er auch sagen? Sie sind Gefangene, dem Berg ausgeliefert und ohne jede Hoffnung auf Rettung von unten. So wie im Hochlager am Chimborazo, wie einmal mit Whymper am Matterhorn, wie am Mont Blanc im Sturm. Weiter oben, weiß Sinigaglia, ist es jetzt wie in Dantes Eishölle: Frost, Durst, Hunger und Angst. Bald ist das Inferno auch bei ihnen.

Am Vormittag des 25. August ist der Abstieg beschlossene Sache. Sie haben weder Proviant noch Holz übrig, auch die wenigen Sitzbänke sind verheizt, keine Möglichkeit mehr, Schnee zu schmelzen. Das Wetter ist unverändert schlecht, der Wind aber hat etwas nachgelassen.

Carrel weiß, was zu tun ist. Vor allem, was er zu tun hat: Er muss, nein, er wird seinen ihm anvertrauten Gast in Sicherheit bringen. Im äußersten Notfall nur ihn. Aufstehen für den Abstieg! Es ist kein Ritual, es ist eine Qual: die Kleider sind eisstarr, die Kehlen trocken, das Blut wie gefroren.

Um neun Uhr früh verlassen die drei den trügerischen Schutz der Hütte. Über ein halbes Dutzend verschneiter Steinstufen stolpert Gorret, der jetzt vorausgeht, in ein Schneefeld. Er sieht nicht, worauf er steht. Carrel weist ihn von oben ein. Die losen Steine unter der Schneedecke beginnen zu rutschen, und Gorret fällt hin. Ein paar Schwimmbewegungen, das Seil spannt sich, und der Führer steht im hüfthohen Schnee wieder auf. Er sieht in diesem Zustand unbeholfen aus. Als sei er mit der Situation – loser Schnee auf losen Steinen – überfordert. Carrel zeigt Verständnis, er weiß um die Schwierigkeiten und Gefahren, die sie beim Abstieg über den steilen Grat bis zum Col du Lion zu über-

winden haben: eine Kletterei ohne Vergleich. Den drei Männern steht ein harter Tag bevor: die Seile steifgefroren, die Felsen mit Eis und Schnee überzogen, die Griffe verglast, oft nicht zu sehen, Untiefen allerorten. Ganz selbstverständlich geht Carrel jetzt als Letzter, er sichert die Partie am Seil. Steilstufe für Steilstufe. Die beiden vor ihm folgen den Anweisungen ihres alten Führers – »links«, »rechts«, »geradewegs hinab« –, sie können im Notfall über senkrechte Passagen am Seil abgelassen werden. Carrel klettert hinter ihnen ab, nur er darf nicht rutschen, nicht stürzen. Und wenn der Fels noch so vereist ist. Er trägt die Verantwortung. Carrel weist Gorret, den er nur als Schatten unter sich sieht und der selbst keine Orientierungspunkte erkennt, von oben weiter ein. Wo der Fels überhängt, sind dunkle Flecken zu sehen, nur dort ist die Tiefe abschätzbar. Der Abgrund darunter scheinbar bodenlos. Stufe für Stufe helfen die beiden Führer dem Fremden vom Berg hinab.

Immer in der gleichen Reihenfolge – der junge Führer voraus, Sinigaglia in der Mitte, Carrel als Letzter. Es ist nur dem Instinkt, der Umsicht sowie der Routenkenntnis Carrels zu verdanken, dass alle drei heil am Col du Lion ankommen. Ein wenig auch dem kühlen Kopf Gorrets. Ihre Kleider – von Nässe und Körperschweiß aufgeweicht – riechen nach Moder. Ihre Körper ein ständiges Zittern und hundeartiges Atmen, die Hände klamm, die Füße taub, als wären es Eisstücke, schwanken sie über die stumpfe Schneide zu den schwarzen Felsen der Tête du Lion.

Carrel, der gehofft hat, tiefer unten, im Windschatten an der Südseite des Berges, würden sie von Sturm und

Schneefall verschont bleiben, ist erschöpft und unterkühlt. Seine Augen schier blind vom Blick ins Leere, vom Suchen nach Griffen, vom Starren in die Tiefe. Am Col bricht der Schneesturm plötzlich wieder los. Mit doppelter Gewalt. Die Querung und die Felsbänder unterhalb des Lion-Grates – das Gelände flacher jetzt – sind schauderhaft: der Neuschnee auf den Felsstufen kniehoch, die dachartig geschichteten Platten vereist, die senkrecht dazu abfallenden Schneerinnen lawinenschwanger. Die Kälte ist jetzt beißender als im Winter. Die drei ersticken fast im Schneegestöber. Der Sturm, der aus allen Richtungen zu kommen scheint, wird so stark, dass sie ständig Angst haben müssen, vom Berg geweht zu werden. Der Schnee, der ihnen dabei entgegenwirbelt, verklebt Bart, Augenbrauen, den Mund. Die Kleider vom feuchten Schnee getränkt, sehen die Männer wie eisgepanzert aus, das Schuhwerk nass, die Hände erfroren. Nicht mehr zu gebrauchen. Gorret, der einen Handschuh verloren hat, kann mit der bloßen Hand nur noch tasten, nicht mehr greifen: Seine Hand, eine Kralle jetzt, spürt den Fels nicht, er weiß nur, wo sie hält. Wind und Kälte setzen auch Carrel zu: Sein Gesicht sieht alt, ja beängstigend aus. Immer wieder pflückt er sich das Eis aus den Augenhöhlen, um sehen zu können; um den Mund, weit aufgerissen, hängen Eiszapfen im Bart. Er fährt sich mit einer Hand übers Gesicht: um Gorret den Weg weisen zu können.

»Hinab!« Carrels Stimme kommt krächzend.
»Wie?«
»Auf Zug!«
»Halt mich!«

»Was ist?«

»Weiter ablassen!«

»Noch fünf Meter Seil!«

»Halten, ich falle!«

»Ja … nein.«

»Stand.«

Sinigaglia versteht kein Wort. Als verständigten sich Gorret, der die Spur in den Schnee tritt, und Carrel, der ihn von oben einweist, in einer Art Geheimsprache. Es sind Laute wie von Tieren, zuletzt nur noch Schreie und Stöhnen, was die Führer ausstoßen. Sinigaglia versteht auch ihre Zeichen nicht, aber er vertraut den Führern. Im Schneesturm ist es unmöglich, miteinander zu reden. Zu sehen ist seit Stunden nichts mehr.

»Was tun?«, fragt Sinigaglia.

»Überleben!«, bringt Gorret heraus.

Wie sollen die Führer auch reagieren, wenn alle Zukunft zum Augenblick schrumpft, jeder davon wie ein Leben für sich.

Carrel führt diesen Abstieg auf wundersame Weise: ohne zu zögern, mit scheinbar unerschöpflicher Ausdauer und dem Geschick eines Blindenführers. Nie lässt er die beiden anderen aus den Augen, sie sollen seine eigenen Zweifel nicht spüren. Als sei er noch einmal zur Form seines Lebens aufgelaufen, spricht er dem Fremden in seiner Seilschaft Mut zu, klopft ihm auf Standplätzen, wenn er zu ihm aufschließt, auf die Schulter. Sinigaglia kann die Verwandlung des müden Alten in der Hütte zum überlegenen Führer nicht fassen, gewinnt aber Lebensmut daraus. Gorret unterstützt den Älteren so gut er kann, auch weil er weiß, dass er den Weg ins Tal allein nicht finden würde. Von Carrel ist kein Wort der Entmutigung zu hören, auch kein Klagen, nur kurze Rufe – »links«, »rechts«, »queren« – und immerzu der Sturm.

Wie ein Schatten taucht Carrels dunkle Gestalt zwischendurch im Schneetreiben auf und verschwindet wieder darin. Dieser Schatten drängt nicht, aber er handelt, und zwar entschieden: kein Hinhocken, kein Stehenbleiben, kein Zögern mehr. Jedes Abwarten ist jetzt tödlich.

»Hinab!«

Der weitere Abstieg ist unerwartet gefährlich: die Rinnen voller Lawinenschnee, und in der Dunkelheit fällt Carrel es immer schwerer, sich zu orientieren. Obwohl er das Matterhorn wie niemand sonst kennt, lässt er sich von schlängelnden Geländeformen, Schneeverwehungen, Nebelschwaden narren. Er zögert jetzt öfter, tastet sich, von Felszacken zu Felsnase kletternd, weiter voran. Als folge er der Spur von Geistern. Sind da Menschen, Trolle, Zeichen? Ja, sie sind auf dem richtigen Weg. Noch wenigstens. Er selbst käme allerorten hinab ins Tal – die anderen aber?

Gegen elf Uhr abends schwankt Carrel erstmals. Ausgedörrt – seine Lodenkleider durchwalkt von Pressschnee, todmüde –, geht ein Zittern durch seinen Körper. Immer noch dichtes Schneetreiben. Er spürt dumpfe Schläge in der Brust, bekommt kaum Luft. Ist sein Herz kurz stehengeblieben? Carrel weiß, er ist am Ende. Seine Kräfte lassen so rapide nach, dass er sich hinhocken muss. Halb erfroren, seine Hände gefühllos, das Seil steif wie ein Ast, sichert er Sinigaglia im Sitzen weiter, über die letzten Felsen nach unten. Er spürt es nicht mehr, er weiß es nur: Seine Hände halten das Seil. Es ist seine Aufgabe. Sein Herz aber? Ja, es ist sein Herz! Schlägt unregelmäßig. Es ist noch ein Steinwurf weit bis zum rettenden Boden, bis zur Grasfläche, wo die Almen beginnen. Carrel weiß, das Dunkel hinter den Sturmböen deutet den grasigen Boden an. Nur noch ein paar Minuten, keine fünfzig Meter tiefer liegt kein Schnee mehr.

Carrel möchte hocken bleiben, rasten, einschlafen. Wenigstens für den Rest der Nacht. Was aber, wenn Gorret die Richtung verfehlt? Wie oft hat Carrel ihn zurückgerufen, gerade noch rechtzeitig, bevor er in den Abgrund stürzte, in eine Lawinenrinne trat, abrutschte. Das Wetter ist unverändert schlecht. Er darf jetzt nicht sterben: noch nicht. Immerzu darauf bedacht, dass Gorrets Weg richtig ist, bleibt Carrel wach. Nicht auszudenken, wenn die anderen zuletzt ohne ihn in die Nacht abstürzen würden. Einen Himmel über ihnen gibt es nicht mehr, Gegenanstiege sind nicht mehr zu schaffen, Rettung ist nur noch unten im Tal. Also die Rinne nach unten, weiter durch den Sturm, tiefer hinab! Mit Starrsinn und Spürsinn findet Carrel genau jene Rinne, über die sie drei Tage zuvor aufgestiegen sind. Dieser Graben wird sie in Sicherheit bringen, zum letzten Schneefeld oberhalb der Weiden von Riondé. In einer Nische knapp darüber machen die drei kurz Rast. Sie trinken Kognak, jeder einen Schluck.

Dann weiter, immer weiter hinab. Ganz plötzlich, beim Queren der letzten Schneefläche, bleibt Carrel zurück. Das Seil zu Sinigaglia ist wie blockiert. Es bleibt gespannt. »Warum ist er so langsam?«, fragt sich der Gast. Er sieht sich um: Der Führer ist nicht zu sehen, er hört ihn auch nicht. Carrel ist hinter einen Felsen gefallen, zuerst auf die Knie, dann sackt er zu Boden, in den Schnee, bleibt liegen.

»Was ist?«, ruft Gorret.

»Nichts«, antwortet Carrel leise.

»Warum spannt das Seil?«

»Es ist nichts«, sagt Carrel wieder.

Ganz langsam steht er auf, sieht sich um. Ja, er weiß, wo sie sind und was jetzt zu tun ist. Schwerfällig geht er weiter, hält das Seil. Es liegt fest in seiner Hand. Sind die beiden Vorausgehenden schon im Grünen? Wieder bleibt er stehen, schaut.

»Wir sind unten«, ruft Gorret.

Carrel sagt nichts mehr, auch hören kann er nicht mehr. Gorret und Sinigaglia aber gehen weiter am Seil, das Carrel, immer noch als Letzter, nachgibt. In ihrer Spur kriecht er ihnen nach, steht wieder auf, ohne die ihm angeborene Vorsicht aufzugeben. Als hänge es immer noch allein von ihm ab, ob sein Gast überlebt oder nicht. Gorret geht jetzt schon über Grasgelände abwärts. Als habe er stillschweigend die Führung übernommen. Seilsicherung ist nicht mehr nötig.

Im letzten Schneefeld, von dem eine kurze und steile Grasrinne zu den Weiden von Riondé führt, wo Rettung ist, wird Carrel wieder schwarz vor Augen. Er schwankt, und wieder hockt er sich hin. Sterbensmüde vom Starren in den Nebel, vom Zittern in der Kälte, vom Sichern der anderen. Von der Last der Verantwortung, die er bis zu diesem Augenblick getragen hat. Jetzt ist Rettung in Sicht. Auch Gorret weiß es und steigt weiter über den steilen Grashang ab. Schritt für Schritt nach unten, immer voraus. Sinigaglia folgt ihm, am langen Seil jetzt. Carrel? Gorret steht fast im

Grünen, als sich hinter ihm das Seil spannt. Auch Sinigaglia ist irritiert. Die zwei halten inne, rufen. Carrel antwortet nicht mehr. Er kommt auch nicht nach. Sie können ihn nicht sehen.

»Jean-Antoine!«, ruft Gorret in die Nacht hinein.

Nichts.

»Komm nach!«

Auch Sinigaglia ruft, Carrel solle absteigen, sie brauchen die Seilsicherung nicht mehr. Keine Antwort. Besorgt geht Gorret ein Stück weit zurück. Jetzt erst hört er die Stimme Carrels: »Ich habe keine Kraft mehr.«

Aber wo ist er? Am Seil entlang müht sich Gorret den Hang hinauf, Sinigaglia folgt.

Unter größten Mühen schaffen es die beiden zurück zu ihrem Führer. Sie finden ihn: schneeverkrustet, bäuchlings an einen Felsen geklammert, zu Tode verausgabt. Aber er, außerstande aufzustehen, geschweige denn weiter abzusteigen, scheint zufrieden.

»Genug«, sagt er nur. »Kommt mich später holen.«

Gorret und Sinigaglia zerren den schlaffen Körper an eine flache Stelle. Gorret will Carrel etwas fragen, bringt aber kein Wort heraus.

»Was ist mit ihm?«, will Sinigaglia wissen.

Gorret starrt in den blinden Sturmhimmel.

»Er stirbt«, flüstert Sinigaglia.

»Ich weiß nicht«, hören sie Carrel krächzen.

»Wir sind gleich unten«, sagt Gorret.

»Wo?«

»In Riondé.«

»Und wo bin ich?«, fragt Carrel.

Carrels Hände sind weiß und kalt, sein Atmen schwach, der Körper regungslos.

Gorret flößt dem Sterbenden einen letzten Rest Weißwein ein. Dann Kognak, der einzige Proviant, der ihnen geblieben ist. Carrel stöhnt auf, dreht sich, versucht auf Hände und Knie zu kommen.

»Ihr seid unten«, sagt er plötzlich mit Nachdruck und fällt zurück in den Schnee.

Gorret versucht, ihn aufzurichten, reibt sein Gesicht mit Schnee ab, umsonst. Carrel stöhnt noch einmal kurz, gibt aber schon keine Antwort mehr. Ihn aufzuheben ist unmöglich: Sein Körper ist steif, vollkommen unbeweglich. Gorret hält seinen Kopf, fragt, dicht an sein Ohr gebeugt, ob er beten will.

»Danken.«

»Gott?«

»Für die Kraft.«

»Deine Pflicht zu tun?«, ergänzt Gorret.

»Ja.«

Sinigaglia versteht diese letzten Worte so wenig wie zuvor am Berg die Seilkommandos zwischen Carrel und Gorret. Er weiß nur, dass er ohne den Instinkt seines Bergführers jetzt tot wäre.

Carrel röchelt und atmet dann tief und laut aus: ein Geräusch, als sei sein Körper leer und dumpf. Gorret lässt Carrels Kopf sinken. Der Bergführer liegt rücklings im Schnee, die leeren Augen zum Himmel gerichtet, wo zwischen den Sturmwolken der Mond durchschimmert.

»Aufstehen!«, sagt Gorret zu Sinigaglia, der einzuschlafen droht. Wir erfrieren, denkt er, wenn wir stehen bleiben.

Sie dürfen jetzt keine Zeit mehr verlieren. Also schneiden sie das Seil zu Carrel durch, das Seil, das sie vom Berg ins Tal gerettet hat, und setzen den Abstieg fort. Den Mann, der ihnen das Sterben verboten hat, lassen sie tot zurück.

Gorret und sein Gast marschieren den Rest der Nacht durch. Nur in Bewegung sind ihre Körper warm zu halten. Im Bewusstsein, dass in Breuil Rettung ist, kommen sie zum Gasthaus in Giomein. Um fünf Uhr früh, völlig verstört. Zwanzig Stunden lang sind sie im Abstieg auf den Beinen geblieben, ohne Proviant, ohne Pause, immer in Lebensgefahr. Der Wirt ist noch wach, man hat sich große Sorgen um die Verschollenen gemacht.

Tiefe Betroffenheit, ja, Schrecken breitet sich aus, als der Tod Carrels – von Haus zu Haus weitererzählt – im Tal bekannt wird. »Der Wille Gottes«, tröstet der alte Abbé Gorret, inzwischen Pfarrer im Tal, in seiner schwarzen Kutte die Gläubigen.

Sechs Männer brechen am Morgen auf, um die Leiche zu bergen. Die Bergführer Alessandro Pession, Elia Pession und Vittorio Maquignaz aus Valtournenche sowie drei Hirten aus der Gegend. Dazu kommen zwei Schweizer Bergführer, Schaller und Pollinger, die sich dem Leichenzug im Abstieg weiter unten anschließen. Während des weiteren Abstiegs stoßen immer mehr Menschen dazu.

Vom Tal aus, mit dem Fernglas, sieht man die Rettungsmannschaft die Berghänge herabsteigen. Voraus die Männer mit der Leiche Carrels: wie eine Prozession, die aus dem Himmel kommt.

Die Kunde vom heldenhaften Sterben Carrels verbreitet sich rasch. Vor allem weil ihm der Gerettete, Leone Sinigaglia, seine Anerkennung nicht vorenthält: *Carrel ist als heiliger und tapferer Mann auf seinem Berg ums Leben gekommen, nachdem er alles in seiner Macht Stehende getan hatte, um den ihm anvertrauten Reisenden zu retten. Niedergedrückt von der Erschöpfung, die erst nach zwanzigstündigem unermüdlichen Einsatz gegen alle möglichen Widrigkeiten, inmitten eines verheerenden Sturms eintrat, ist er im Wissen gestorben, dass er den Schutzbefohlenen außer Gefahr gebracht hat. Ich werde ihn ewig mit Rührung und unendlicher Dankbarkeit im Gedächtnis bewahren.*

Man bringt den Leichnam zur Kapelle in Giomein, wo er drei Tage lang aufgebahrt bleibt. Am 29. des Monats werden Carrels sterbliche Überreste nach Valtournenche überführt und auf dem örtlichen Friedhof beigesetzt – das Matterhorn wie eine Skulptur vor einem strahlenden Himmel.

Nachwort

Kein Berg auf der Erde zeigt so unverwechselbare Linien wie das Matterhorn. Es ist unnahbar, von allen Seiten. Niemand weiß, was die Walliser vor Jahrtausenden beim Anblick des »Horu«, wie sie diesen Gipfel immer noch nennen, empfanden oder dachten. Sie fürchteten um ihre Existenz, wenn Lawinen oder Steine auf ihre Weidegründe niedergingen, lasen Wetterumstürze aus den Nebeln, die an seinen Graten flatterten, und mieden seine Nähe.

Der erste Name für den unverwechselbaren Berg soll Mons Silvius gewesen sein. Mont Cervin findet sich dann bei de Saussure, dem Schweizer Philosophen und Geologen, und den Brüdern Schlagintweit, die 1854 eine geologische Geographie der Alpen veröffentlichen. Die Bezeichnungen Zermatt und Matterhorn lassen sich erst ab 1682 nachweisen. Im Jahr 1789 kommt Horace-Benoît de Saussure erstmals durch das Valtournenche zum Südfuß des Matterhorns. Ohne die geringste Hoffnung, die seltsame Pyramide zu besteigen. Zwei Jahre zuvor, 1787, hat er mit seinem Barometer auf dem höchsten Gipfel der Alpen, dem Montblanc, gestanden, um dessen Höhe zu bestimmen.

Auf den Berggipfel aber, der sich über den weiten Almflächen von Breuil zu enormer Höhe erhebt, führte damals kein Weg. Der dreikantige Obelisk – wie mit einem Meißel gehauen – war nicht zu besteigen. Seine zerrissenen Wände, auf denen kaum Schnee haften bleibt, gestatteten damals keinen Aufstieg. Nicht einmal einen Gedanken daran.

1792, bei seiner zweiten Reise, verweilt de Saussure im Valtournenche, steigt dann zum Theoduljoch und bleibt drei Tage dort: um den Aufbau des Matterhorns zu analysieren. Auch seine Gipfelhöhe will er bestimmen. Er sammelt Steine, Pflanzen und Insekten, fragt sich, wie der Gletscherfloh bei so niedrigen Temperaturen existieren kann, und staunt über dessen enorme Sprünge auf dem Schnee. Dieser erste Reisende, ein vornehmer Fremder, prägt die Phantasie der Älpler für Jahrzehnte. Noch fünfzig Jahre später erinnern sich die Senner von Breuil des großen Mannes, der auf dem Joch im Süden des Matterhorns die Überreste einer Befestigung ausgrub: Fort de St. Théodule, nach Meinung de Saussures einst von den Valdostanern errichtet, um Angriffe der Walliser abzuwehren.

Der Naturwissenschaftler James David Forbes, Geologe und Philosoph, setzt die Arbeiten de Saussures fort. Auch er sieht im Matterhorn »den überraschendsten Berggipfel der Alpen«. In dieser Zeit – die Erforschung der Alpen steht in den Anfängen, das Bergsteigen gilt als exotisches Hobby reicher Leute – wird der Mythos Matterhorn geboren. Die Einheimischen aber können nicht verstehen, warum diese Fremden, die zu Hause alle Bequemlichkeiten haben, in ihr armes Land kommen, um in den unwirtlichen und gefährlichen Gebirgen zu Fuß zu gehen, in Heuhütten zu nächtigen oder mühselig auf vereiste Gipfel zu steigen, wenn sie in ihren Industriestädten in der Kutsche reisen und im Hotel schlafen können.

Im Sommer 1800 – Napoleon ist mit seinem Heer eben

über den Großen St. Bernhard nach Italien gezogen – überqueren Engländer den Theodulpass. Aus dem Valtournenche kommen sie ins Wallis, und der Pfarrer von St. Niklaus, dem es bis dahin nicht vergönnt gewesen ist, einem Engländer leibhaftig zu begegnen, erschrickt. Ahnt er den künftigen Einfluss des Tourismus auf seine Gläubigen? Mit den Gelehrten jedenfalls hofft er, »dass das Tal von St. Niklaus noch lange von Touristen verschont bleiben möge«. Vierzig Jahre später schon eröffnet der Dorfarzt Dr. Lauber ein erstes Gasthaus im Tal: das »Du Mont Cervin«. Mit Küche und drei Fremdenbetten. Immer mehr Touristen, vornehmlich Engländer, kommen in die Alpen, in »dieses riesige Amphitheater der Natur«. Das Matterhorn, als »Wunder der Wunder« gepriesen, zieht anfangs vor allem Wissenschaftler an. Denn nicht nur für James David Forbes ist der »überraschendste Gipfel der Alpen unbesteigbar«.

1844 ist der englische Schriftsteller, Maler und Philosoph John Ruskin in Zermatt. Er ist es, der mit seinen Zeichnungen aus der Form des Matterhorns ein Logo entwickelt. Seine Eltern, die den Vierzehnjährigen auf eine Alpenreise mitnehmen, wecken damit sein Interesse für die Berge. Er liest die »Voyages« von de Saussure, das ihm sein Vater geschenkt hat, und findet »zurück zur Natur«: »Die Pforten der Berge erschlossen mir ein neues Leben, das erst an den Toren jenes Berges ein Ende hat, von wo es keine Wiederkehr gibt.« Es sind die Bilder von William Turner, Darstellungen vom Berg in Gewitterstimmung und im Sonnenuntergang, in denen der Romantiker die »Architektur der Gebirge« zu erkennen glaubt.

1855 eröffnet der zugewanderte Alexander Seiler in Zermatt ein Gasthaus mit sechs Betten. Als Engländer 1857 ihren exklusiven Alpine Club gründen – Mitglieder müssen über die Höhenmarke von viertausend Meter gestiegen sein –, wird das Matterhorndorf mit neunundzwanzig Viertausendern im Rund ihr bevorzugter Playground. Das Interesse am Bergsteigen wächst. Sportbegeisterte Briten besteigen mit ihren Schweizer Bergführern immer schwierigere Gipfel. Nur einer, das Matterhorn, ist tabu. Weil die Führer den Berg für »unmöglich« halten. Dieses Unmögliche wird bald aber zum sinnstiftenden Element. Bedeutet es für Alpinisten doch Abschreckung und Herausforderung zugleich.

Neun Jahre dauert der Kampf um die höchste Spitze des Monte Rosa, die 1855 endlich erreicht wird. Zahlreiche weitere Gipfel um Zermatt werden bestiegen, nur der geheimnisumwitterte Matterhorn-Gipfel bleibt unangetastet, wie ein Tabu. »Die Besteigung des Matterhorns ist möglich«, schreibt 1855 Daniel Dollfus-Ausset, ein Gelehrter aus dem Elsass: »Ein Luftballon aus ganz außerordentlich haltbarem Stoff und von besonderer Form, gehalten von einem langen Seil, das sich langsam aufwickelt, würde es dem Aeronauten gestatten, seine Gondel zu lenken und an der Spitze landen zu lassen.«

Zwei Jahre später, 1857, brechen drei Männer von Breuil aus auf, um die Besteigbarkeit ihres Heimatberges zu Fuß zu erkunden. Ohne jegliche Hilfsmittel. Über die Felsen des zerklüfteten Südwestgrates erreichen sie eine Höhe von gut dreitausendsiebenhundert Metern. Einer der drei Neugierigen ist der legendäre Carrel, getauft in Valtournenche am 17. Januar 1829 auf den Namen Jean-Antoine. Er entstammt einem der drei Geschlechter der Carrels, arme Bergbauern aus den Tälern am Südfuß des Matterhorns, die seit Generationen als Selbstversorger dort überleben. Jean-Antoine ist verheiratet, lebt in einem kleinen Holzhaus in Valtournenche oder im Sommer in Avouil und sorgt zuletzt für neun Kinder.

Die Bewohner des Tales teilen ihr Bergland in nutzbare und unnütze Flächen. Dort, wo die Weiden Gras und die Wälder Holz liefern, wo Wasser die Mühlräder antreibt, leben die Bergbauern als Halbnomaden. Bis dorthin, wo Gämsen stehen, steigen auch Jäger und Wilddiebe. Noch höher ist nichts. Der ewige Schnee bildet die Grenze. Von dort bis zum Himmel reicht weder ihre Gier noch ihre Neugier. Denn niemand, finden die Älpler, setzt sich freiwillig den Gefahren von Gletschern oder Felswänden aus. Also erfinden sie die verrücktesten Gründe für das Erscheinen der Engländer: Sie kommen doch nicht aus Vergnügen oder zur Bereicherung ihres Wissen in die Berge? Sind sie vielleicht Schatzsucher, Alchimisten oder Geheimagenten? Oder Narren – denn nur Narren gehen dorthin, wo man umkommen muss.

Anfangs begegnet man den Fremden mit Misstrauen. Jean-Antoine Carrel aber kann ihr Verhalten verstehen, ihre sonderbaren Gebärden deuten, ihre Neugier nachempfinden. Nur ihre Gewohnheiten sind ihm fremd. Auch er ist neugierig. Vielleicht, denkt er, kann er ihnen helfen, ihre Ziele zu erreichen. Die allermeisten von ihnen haben keinerlei Gespür für die Unwegbarkeit der Berge: wenig Orientierungssinn, nicht genügend Erfahrung mit den lokalen Wetterzeichen, keinen Sinn für das Ausmaß der Berge und deren Gefahren. Den Beruf des Bergführers gibt es im Valtournenche nicht. Fehlt doch die nötige Ausrüstung wie auch Bestimmungen. Die »Herren« kommen, heuern Träger an, steigen auf die umliegenden Berge mit ihnen und geben ihr Geld dafür aus. Die Einheimischen haben zu machen, was diese »Herren« sagen.

Vom Hörensagen weiß Carrel, dass sich auf der anderen Seite des Matterhorns Bergführer etabliert haben. Diesen Führern – Kleinhäusler, Gamsjäger, Wilderer – vertrauen sich die ehrgeizigen Touristen an. Klettern hat mit Trittsicherheit zu tun und mit der Kenntnis örtlicher Gegebenheiten wie Wetter und Felsstruktur. Wenn zwischen einem Touristen und seinem lokalen Helfer mit der Zeit ein Vertrauensverhältnis entsteht, bleibt eine Bindung über die eine Bergtour hinaus. Eine Art Seilschaft entsteht, in der der Bergführer eine Dienstleistung anbietet – indem er am Berg gegen Entgelt die Verantwortung für seinen Touristen übernimmt. Oft sind wohlhabende Engländer mit denselben Führern wochenlang im Gebirge unterwegs. Das Problem dieser »Herren« ist die Angst vor der Angst, erkennt Carrel. Nur weil sie unsicher sind, suchen sie die Hilfe des Bergführers. Der soll nicht nur den Rucksack, sondern auch die Verantwortung tragen. Und er, ein armer Kleinhäusler und Gamsjäger, sieht sich in der Lage, dieses Bergsteigen zu verantworten. Aber nur, wenn er auch die Entscheidung am Berg treffen darf.

Whymper ist einer dieser »Herren«: Edward Whymper aus England. Nichts, rein gar nichts hat Whymper in seiner Jugend mit den Alpen zu tun gehabt. Sein Vater, als Aquarellist und Holzschneider erfolgreich und geschätzt, lebt mit seinen Kindern, neun Buben und zwei Mädchen, in

London. Edward, der Zweitälteste, 1840 geboren, ist kein Wunderkind.

Als er zwölf ist, stellt Albert Smith seine Show »The Ascent of Mont Blanc« in der Egyptian Hall Piccadilly in London vor, die sechs Jahre lang die Bühne beherrscht: mit zweitausend Vorführungen und achthunderttausend Besuchern die bis heute erfolgreichste Performance zum Thema Berg. »Die Reise von London nach Chamonix« sowie »Die Besteigung des Mont Blanc« heißen die Programme der Show, eine »Mont-Blanc-Mania« bricht aus, wie die Times schreibt. Die Alpen sind in England angekommen, Whymper aber noch nicht in die Alpen. Mit vierzehn wechselt er von der Schule in das Geschäft seines Vaters und lernt das Handwerk des Holzschneidens. Das Malen mit Wasserfarben ist seine zweite Begabung, der Beruf als Künstler vorgezeichnet. Dies verschafft ihm die Gelegenheit, die Alpen zu sehen. Als er vom Verleger William Longman, der Alpenbilder aus den damals wenig bekannten Bergen der Dauphiné braucht, den Auftrag bekommt, dorthin zu reisen, beginnt seine Karriere als Freelancer. Mit zwanzig hat Whymper noch keinen Berg gesehen. Ob er sich fürs Bergsteigen interessiert? Nein. Alpinismus ist damals etwas für reiche Leute, ein neuer Sport, eine Art Ausgleich zum aufgeklärten Dasein in der beginnenden Industrialisierung. Aufgebrochen, um Berge zu skizzieren, zu malen und in Holz zu schneiden, beginnt Whymper bald, auf ihre Gipfel zu steigen. Ende Juli 1860 reist er erstmals durch die Schweiz. Die Besteigung des Mont Pelvoux in den französischen Alpen, fast viertausend Meter hoch, ist seine Taufe zum Bergsteiger. Er hört vom unbestiegenen, ja, unmöglichen Matterhorn und ist wie geblendet. Er will, nein, er muss dorthin. Obwohl alle Zermatter Bergführer nur den Kopf schütteln über so viel Naivität – Whymper setzt sich diesen Berg als nächstes Ziel.

Neben Whymper ist zu dieser Zeit nur Jean-Antoine Carrel aus Breuil der Überzeugung, dass das Matterhorn besteigbar sei. Am besten von der italienischen Seite. Für beide wird die Eroberung dieses Berges nun ihre ganz persönliche Angelegenheit. Für Whymper steht das sportliche Interesse im Vordergrund, Carrel treibt Neugier an. Noch hat keiner der beiden nationalistische Hintergedanken.

Carrel wagt es zuletzt nicht, mit Whymper bis zum Gipfel vorzudringen. Er kann es nicht verantworten. Also versucht es Whymper über die andere Seite ohne Carrel und gewinnt.

Das Jahr 1865 ist ein Schlüsseljahr im modernen Alpinismus, der 1786 mit der ersten Besteigung des Mont Blanc begann und bis heute fortdauert. Mehr als vierzig Erstbesteigungen allein zwischen Pyrenäen und Dolomiten gelingen in diesem Sommer – darunter Grandes Jorasses, Aiguille Verte, Wellenkuppe, Obergabelhorn, Aiguille de Bionnassay, Breithorn, Tschingelhorn, Mont Blanc de Cheilon, Nesthorn, Möseler, Piz Roseg, Piz Buin, Cima Tosa, Tofana di Dentro, Cevedale, Monte Cristallo –, dazu einige bahnbrechende Neutouren wie der Brenvasporn an der Südflanke des Mont Blanc, der Lion-Grat am Matterhorn, der Nordpfeiler des Silberhorns, die Überschreitung des Ortlers von Norden nach Süden. Der Beruf des Bergführers ist etabliert, in den aufstrebenden alpinen Tourismus-Dörfern – Chamonix, Valtournenche, Zermatt, Grindelwald, Cortina d'Ampezzo – wachsen Bergführer-Dynastien heran.

***

1890, im Todesjahr Carrels, sucht ein Unternehmer bei der Bundesregierung in Bern um die Konzessionen an, eine Aufstiegsanlage von Zermatt zum Gornergrat und eine zweite von Zermatt zum Matterhorn-Gipfel zu bauen. Zeitungen kündigen bald an, dass gebaut wird. Die Bahn auf den Gornergrat kommt tatsächlich – seit 1899 in Betrieb –, die andere glücklicherweise nicht. Den Plan des gewagten Projektes, von Ingenieur Xaver Imfeld entwickelt, gibt es immer noch: eine Linie bis zum Hörnli und weiter durch einen geradlinigen Tunnel von zwei Kilometer Länge im Inneren des Berges bis knapp unter die Spitze auf der Zmutter Seite, wo der Gast herauskommen würde.

Wie schnell doch Phantasie und Technologie das Bergsteigen ad absurdum führen! Whymper kommt fünf Jahre nach Carrels Tod noch einmal nach Breuil und steigt an Carrels Route bis auf Halbweg zum Gipfel: um Fotos zu machen. Im August 1895 erreicht er über den Südwestgrat die Basis des Großen Turms: *Mehr als dreißig Jahre waren verflossen, seit ich das letzte Mal dort gewesen bin; ich fand, dass am Berg mittlerweile große Veränderungen stattgefunden hatten. Die Passhöhe des Col du Lion lag tiefer als früher, weil weniger Schnee lag, man traversierte das Joch so in kürzerer Zeit. Auf dem Weg weiter hinauf, bis etwa hundertfünfzig Fuß höher, ließen sich größere Veränderungen nicht erkennen, weiter oben aber hatte der Grat sehr gelitten: viele mir einst vertraute Stellen waren völlig unkenntlich geworden. Keine war mir besser im Gedächtnis geblieben als die Cheminée; über die Hälfte von der Felsformation war verschwunden, nur eine Andeutung von ihr geblieben; von dieser Stelle aufwärts war alles anders geworden: schwierige Stellen waren nun leicht, leichte überaus schwierig. Im Winkel, in dem nun ein starkes Knotenseil angebracht ist, eine Strecke, die zu den allersteilsten der ganzen Tour gehörte, gab es 1864 überhaupt nichts an Kletterhilfen.*

An beiden Seiten des Matterhorns, am Lion- und am Hörnli-Grat, hängen heute Fixseile, vereinzelt auch Leitern. So ist das »Horu«, die »Gran Becca« auch jenen zugänglich, die dem Berg in Eigenverantwortung nicht gewachsen sind. Ähnlich wie am Mount Everest, der Jahr für Jahr von Sherpas für touristische Massenaufstiege präpariert wird: Beide sind zu Konsumbergen geworden.

Der »Kampf ums Matterhorn« von 1865 bedeutet den Beginn dieser Entwicklung. Das Bergsteigen erfährt damit einen Umbruch: vom Eroberungs- zum Schwierigkeitsalpinimus. Und beide Matterhorn-Pioniere – Whymper und Carrel – sind seine Symbolfiguren. Vom Matterhorn-Triumph ist jedoch nur der Name Whymper übrig geblieben: ein junger Mann, groß wie der Berg, den er als Erster bestiegen hat. Whymper ist noch heute berühmt als Pionier, bewundert als Zeichner, gelesen als Erzähler. Kein Zweifel, er war ein passabler Bergsteiger – mit Idealen, Zielen und einer herrischen Moral. Nur die Verantwortung für sein Handeln wollte er nicht tragen.

(nach Edward Whymper: The arrest of the Matterhorn, 1888)

Anhang

Die wichtigsten Versuche, das Matterhorn zu ersteigen
(nach Edward Whymper: The ascent of the Matterhorn, 1888)

	Datum	Namen	Seite des Berges	Erreichte Höhe (m)
1	1858–59	J.-A. Carrel J.-J. Carrel Victor Carrel G. Maquignaz Abbé Gorret	von Breuil Schornstein	4217
2	Juli 1860	Alfred Parker Charles Parker Sandbach Parker	von Zermatt Ostseite	3833
3	Aug. 1860	Hawkins Tyndall	von Breuil	4330
4	Juli 1861	Parker-Brüder	von Zermatt Ostseite	3900
5	29. Aug. 1861	J.-A. Carrel J.-J. Carrel	von Breuil Hahnenkamm	4410
6	29./30. Aug. 1861	Ed. Whymper	von Breuil Schornstein	4217
7	Januar 1862	Kennedy	von Zermatt Ostseite	3666
8	7./8. Juli 1862	Macdonald Ed. Whymper	von Breuil Kamm unter dem Schornstein	4000
9	9./10. Juli 1862	Macdonald Ed. Whymper	von Breuil Großer Turm	4097

	Datum	Namen	Seite des Berges	Erreichte Höhe (m)
10	18./19. Juli 1862	Ed. Whymper	Breuilseite Fast bis zur Cravate	4466
11	23./24. Juli 1862	Ed. Whymper	Breuilseite Hahnenkamm	4383
12	25./26. Juli 1862	Ed. Whymper	Breuilseite Fast bis zur Höhe der Cravate	4287
13	27./28. Juli 1862	Tyndall	von Breuil Schulter	4245
14	10./11. Aug. 1863	Ed. Whymper	Breuilseite Hahnenkamm	4427
15	21. Juni 1865	Ed. Whymper	Südseite	3400
16	14. Juli 1865	*Erstbesteigung* Whymper, Croz, Douglas, Hadow, Hudson, Taugwalder Vater und Sohn	von Zermatt	4478
17	17. Juli 1865	*Zweite Besteigung* J.-A. Carrel, Jean-Baptiste Bich	Südseite	4478

Literatur

Die Alpen. Zeitschrift des Schweizer Alpen-Clubs
Alpine Journal (= Zeitschrift des Britischen Alpenklubs)
Braunstein, Josef: Zur Ersteigungsgeschichte des Matterhorns. In: Alpenfreund, 1925
Dangar, D. F. O.; Blakeney, T. S.: The first ascent of the Matterhorn [darin die Schilderung von Peter Taugwalder Sohn]
Fantin, Mario: Cervino 1865–1965. Bologna: Tamari Editori, 1965
Gorret, Amé: Die erste Begehung des italienischen Grates. In: Deutsche Alpenzeitung 27/1932
Gos, Charles: Le Cervin. L'époque Héroïque 1857–1867. Attinger 1948
Grosjean, Georges: Die Erstbesteigung des Matterhorns am 14. Juli 1865. (= Sonderdruck »Die Alpen«, 1965)
Kronig, Stanislaus: Familien-Statistik und Geschichtliches über die Gemeinde Zermatt, 1927. Nachdruck: Visp 1982
Lunn, Arnold; Bettex, Albert: Taugwalder und das Matterhorn. In: Du 6/1946
Mazzotti, Giuseppe: Das Buch vom Matterhorn. Berlin 1935
Meissner, Alfred in: Neue Freie Presse Wien, 4.8.1865, Nr. 336
Perren, Luisa; Perren, Beat: Cervino, La gran becca. Fondazione Enrico Monti, 2009
Rey, Guido: Das Matterhorn. Stuttgart, Leipzig: DVA, 1905. Neuauflage München: Bergverlag R. Rother, 1959
Sinigaglia, Leone: La morte di Giovanni Antonio Carrel. In: Rivista mensile del CAI, 30.8.1890
Taugwalder, Hannes; Jaggi, Martin: Der Wahrheit näher. Die Katastrophe am Matterhorn 1865 und andere Erstbesteigungen. Aarau: Glendyn Verlag, 1990

Viriglio, A.: Jean Antoine Carrel. Bologna: Licinio Cappelli Editore, 1956
Whymper, Edward: Scrambles amongst the alps in the years 1860–69. Fourth Edition. London: John Murray, 1893
Whymper, Edward in: The Times, 8.8.1865
Williams, Cicely: Zermatt. Geschichte und Geschichten. Brig: Rotten-Verlag, 1964

Abbildungen aus:

Travels amongst the great Andes of the equator by Edward Whymper. London: John Murray, 1893
The ascent of the Matterhorn by Edward Whymper. London: John Murray, 1880
Scrambles amongst the alps in the years 1860–69 by Edward Whymper. Fourth Edition. London: John Murray, 1893
Gustave Doré: »Die Besteigung des Matterhorns am 14. Juli 1865, Ankunft am Gipfel« und »Der Absturz«
Odoardo Ratti: Kirche und Hotel in Breuil (Ansichtskarte)
Wysocki: Bersaglieri in der Schlacht bei Solferino. Sammlung Reinhold Messner